Xiandai Riyu Dongmingci Weiyuju Yanjiu

现代日语动名词谓语句研究

唐千友 著

北京师范大学出版集团
BEIJING NORMAL UNIVERSITY PUBLISHING GROUP
安徽大学出版社

图书在版编目(CIP)数据

现代日语动名词谓语句研究/唐千友著. —合肥:安徽大学出版社,2018.6
ISBN 978-7-5664-1551-6

Ⅰ.①现… Ⅱ.①唐… Ⅲ.①日语—动名词—动词谓语句—研究 Ⅳ.①H364.2

中国版本图书馆 CIP 数据核字(2018)第 051029 号

现代日语动名词谓语句研究 唐千友 著

出版发行:	北京师范大学出版集团 安 徽 大 学 出 版 社 (安徽省合肥市肥西路 3 号 邮编 230039) www.bnupg.com.cn www.ahupress.com.cn
印　　刷:	安徽省人民印刷有限公司
经　　销:	全国新华书店
开　　本:	170mm×230mm
印　　张:	11.75
字　　数:	217 千字
版　　次:	2018 年 6 月第 1 版
印　　次:	2018 年 6 月第 1 次印刷
定　　价:	33.00 元

ISBN 978-7-5664-1551-6

策划编辑:李 梅　　　　　　　　　装帧设计:李 军
责任编辑:韦 玮 李 雪　　　　　　美术编辑:李 军
责任印制:赵明炎

版权所有　侵权必究

反盗版、侵权举报电话:0551—65106311
外埠邮购电话:0551—65107716
本书如有印装质量问题,请与印制管理部联系调换。
印制管理部电话:0551—65106311

前　言

　　笔者从事日语教学工作已二十余年,期间所选用的教材以及教辅用书颇多。遍历这些教学资料,深感由于动名词被等同于サ变动词而带来的诸多教学及学习上的困扰与不便。正是这一教学实践上的发现,催生了《现代日语动名词谓语句研究》的诞生。笔者认为动名词词性上的双重特征对于词汇语法以及句法的影响应该得到学界充分的关注与系统的研究。

　　全书共分为九章,以动名词为对象,从词法、句法、意义解释等方面入手构建系统的动名词研究体系,在厘清动名词句与单纯名词句以及动词句在语法、句法、意义等方面差异的基础上,探讨动名词在日语教学中的应用价值。主要内容包括:(1)动名词的概念与特性:动名词(VN)是名词的下位分类之一,意义上表示某种动作与变化,形态上可以与「する」结合或者还原成动词。动名词词性上的名词性(＋N)与意义上的动词性(＋V),构成了一对矛盾的双重性(＋VN),这一双重性表现在动名词既具有与名词的相通性,又具有与动词的平行性,从而沟通了名词与动词两大板块,是日语语法研究、句法研究中纲举目张、不可或缺的部分;(2)动名词句的句法构式:动名词句能形成"格标示节＋非格标示节＋动名词＋(です)"的句法构式。格标示节包括"が、を、で、に、へ、と、から、まで、の"格;非格标示节包括时间修饰节与副词节;(3)动名词的语法范畴:动名词属于名词范畴,不具备和动词一样的词尾变化,因此动名词语法范畴的实现必须经由"添加语法意义的外部接辞"(水野,1978)。通过"未＋动名词""动名词＋中""动名词＋後"等形式表达动名词所包含动作的时态与体态;通过"动名词＋禁止""要＋动名词"等形式表达说话

人的语气;(4)动名词句的意义解释:动名词句由于包含动词性(+V),因此意义解释不同于普通的名词谓语句。动名词句的意义解释与动名词句的命题构造(有题、无题)以及叙述类型(属性叙述、事象叙述)密切相关。具体而言,有题句(属性叙述)时信息焦点集中在句子的后半部分,属于后置焦点型;无题句(事象叙述)时信息焦点集中在谓语部分,也属于后置焦点型,但是意义解释更依赖谓语所包含的概念构造(LCS)信息;(5)动名词研究的教学应用:在中国的日语教学中,动名词的概念还不为人熟知,但动名词却是日语学习各个阶段中都会出现的内容。本书整理归纳了动名词在日语教学中的应用,在此基础上对教与学提出了具体的建议。

本书来源于笔者的博士论文。在上海外国语大学读博期间,导师皮细庚教授给予我学术上的指引以及生活上的关照,让我永生难忘。本书从立意构造到章节构成乃至写作策略,无一没有恩师的悉心指导。本书为安徽大学"固本强基外国语言文学"项目(Y01008415),感谢安徽大学的资助。本书出版过程中,安徽大学外语学院王永东副教授仔细审阅了全书文稿,提出了诸多中肯的评价与建议。在此谨向以上各位先生及安徽大学出版社的各位编辑表示衷心感谢。

由于本人水平有限,本书难免会有偏误或不足之处,恳请学界专家与读者给予批评与指正。

笔　者

2017 年 12 月

目 录

前　言 …………………………………………………………………… 1

第一章　绪论 ……………………………………………………… 1
第一节　主要概念介绍 ……………………………………………… 1
1. 动名词 ………………………………………………………… 1
2. 动名词谓语句 ………………………………………………… 2
第二节　本书的研究目的与范围 …………………………………… 4
1. 研究目的 ……………………………………………………… 4
2. 研究范围 ……………………………………………………… 4
第三节　研究方法与素材 …………………………………………… 5
1. 研究方法 ……………………………………………………… 5
2. 研究素材 ……………………………………………………… 5
第四节　观点与定位 ………………………………………………… 6
第五节　本书的结构 ………………………………………………… 7

第二章　先行研究综述 …………………………………………… 10
第一节　动名词板块 ………………………………………………… 10
1. 动词起点学说 ………………………………………………… 10
2. 名词起点学说 ………………………………………………… 12

第二节　动名词谓语句板块 ··· 15
　　　1. 非系统性研究 ··· 15
　　　2. 系统性研究 ··· 17
　　　3. 先行研究的问题点与本书的定位 ····································· 19

第三章　名词　动词　动名词 ·· 24
　　第一节　名词的基本性质 ·· 24
　　　1. 名词的语法性质 ·· 24
　　　2. 充当谓语的名词 ·· 24
　　　3. 名词的意义范围 ·· 25
　　第二节　动词的基本性质 ·· 26
　　　1. 动词的语法性质 ·· 26
　　　2. 充当谓语的动词 ·· 26
　　　3. 动词与名词的比较 ··· 27
　　第三节　动名词的确立 ·· 28
　　　1. 动名词与名词的共通性 ·· 29
　　　2. 动名词与动词的共通性 ·· 29
　　　3. 动名词的独特性 ·· 30
　　　4. 动名词的二重性 ·· 32
　　本章小结 ··· 34

第四章　动名词的构词 ·· 36
　　第一节　单纯动名词 ··· 36
　　　1. 汉语动名词 ··· 37
　　　2. 外来语动名词 ·· 38
　　　3. 和语动名词——动词连用形 ·· 39
　　第二节　合成动名词 ··· 40
　　　1. 复合词 ··· 40
　　　2. 派生词 ··· 49
　　　3. 叠词 ·· 52

第三节　动名词句 …………………………………………… 53
　　　　1. 外项＋VN …………………………………………… 54
　　　　2. 内项＋VN …………………………………………… 56
　　　　3. 附加词＋VN ………………………………………… 57
　　本章小结 ………………………………………………………… 58

第五章　动名词谓语句的句法 ……………………………………… 63
　　第一节　格成分的同现 ………………………………………… 63
　　　　1. 动名词的自他性和概念构造 ……………………… 63
　　　　2. 动名词的格赋予 …………………………………… 65
　　　　3. 动名词句的格构造 ………………………………… 68
　　第二节　修饰成分的同现 ……………………………………… 78
　　　　1. 时间状语成分 ……………………………………… 79
　　　　2. 副词性修饰成分 …………………………………… 80
　　　　3. 连体修饰成分 ……………………………………… 85
　　第三节　动名词句的主谓构造 ………………………………… 86
　　　　1. 有题句与无题句 …………………………………… 86
　　　　2. 动名词的动作性及题述的交换性 ………………… 88
　　本章小结 ………………………………………………………… 89

第六章　动名词谓语句的语法范畴 ………………………………… 93
　　第一节　动名词与词类的转化 ………………………………… 93
　　　　1. 动词的名词化 ……………………………………… 93
　　　　2. 名词的动词化 ……………………………………… 94
　　第二节　动名词与体态、时态 ………………………………… 95
　　　　1. 未完成的「未＋VN」 ……………………………… 96
　　　　2. 持续的「VN＋中」 ………………………………… 97
　　　　3. 完成的「VN＋後」 ………………………………… 103
　　　　4. 完成的「VN＋済み」 ……………………………… 104
　　　　5. 时态性接辞的句法构造 …………………………… 105
　　　　6. 小结 ………………………………………………… 108

第三节　动名词与否定 …………………………………… 108
  1. 直接否定 ………………………………………………… 110
  2. 间接否定 ………………………………………………… 112
  3. 小结 ……………………………………………………… 116
第四节　动名词与情态 …………………………………… 117
  1. 命令性情态 ……………………………………………… 117
  2. 禁止性情态 ……………………………………………… 119
  3. 小结 ……………………………………………………… 119
第五节　特定表现形式中的动名词 ……………………… 120
  1. 目的表现 ………………………………………………… 120
  2. 尊敬表现 ………………………………………………… 121
本章小结 …………………………………………………… 122

第七章　句中动名词节

第一节　句中形态 ………………………………………… 127
  1. ノ形 ……………………………………………………… 128
  2. タ形 ……………………………………………………… 131
  3. 接辞形 …………………………………………………… 132
  4. 光杆形 …………………………………………………… 134
第二节　句法功能 ………………………………………… 135
  1. 连体修饰 ………………………………………………… 135
  2. 时态性连用修饰 ………………………………………… 136
  3. 继起性连用修饰 ………………………………………… 138
  4. 副词性连用修饰 ………………………………………… 139
本章小结 …………………………………………………… 140

第八章　动名词句的意义解释

第一节　名词句的意义关系 ……………………………… 142
第二节　动名词句的命题构造 …………………………… 144
  1. 有题动名词句 …………………………………………… 144
  2. 无题动名词句 …………………………………………… 146

第三节　句子的构造和叙述类型 ·············· 147
　　1.属性叙述 ····························· 147
　　2.事象叙述 ····························· 148
第四节　叙述类型和句子的意义 ·············· 149
　　1.属性叙述的意义 ······················· 149
　　2.事象叙述的意义 ······················· 151
本章小结 ···································· 153

第九章　日语教学中的动名词应用 ··········· 155

第一节　日语教学中的动名词 ················ 155
　　1.词汇 ································· 155
　　2.表达方式 ····························· 157
第二节　日语教学中的动名词应用 ············ 159
　　1.词汇练习的应用 ······················· 160
　　2.语句练习的应用 ······················· 161
第三节　对于日语教育的建议 ················ 164
　　1.教学建议 ····························· 164
　　2.学习建议 ····························· 165
本章小结 ···································· 166

参考文献 ································· 167
例句出处 ································· 173

第一章

绪　论

第一节　主要概念介绍

　　日语的词性按照词汇的形态可以分为名词、动词、形容词、形容动词等。但是从词义上来说,正如寺村秀夫(1982)指出的一样,保存着一定的「品詞間の連続性」,也就是说各种词性的词义之间的分界并非泾渭分明,而是存在着一定的粘连地带。同时,这种意义上的连续性不仅存在于不同的词性之间,也存在于同一词性内部。例如就名词来说,「本、机」是物质名词;「素人、満開」等是状态名词;而「出張、取締り」等则是动作名词。

　　本书将从多种角度分析研究这种动作名词(动名词)谓语的形态、意义以及结构特征。因此,绪论首先介绍本书的主要概念,也即本书研究对象动名词以及动名词谓语句。

1. 动名词

　　在现代日语中,有关"动名词"的概念,铃木重幸(1972)、影山太郎(1993)、高桥太郎(1995)以及小林秀树(2004)都有论及。[①]其中,影山(1993)指出"在日语的主要词类中,除了名词(車、自動車、バス)、动词(食べる、取上げる)、形容词(美しい、うらやましい)之外,还可以设想具有英语中所没有的形容名词(adjectival noun)和动名词(verbal noun)两类"。影山(1993)进

一步指出动名词可以与形式动词「する」结合发挥动词的功能,而普通名词却不具备这种特性。小林(2004)指出"所谓动名词就是能够成为サ变动词的名词"。也对动名词进行了定义。

本书结合影山(1993)以及小林(2004)对动名词的定义,尝试定义动名词的概念如下:

动名词是名词的下位分支之一,意义上如「研究、買い物、取り消し、コピー」一样,具有动作性,表示主体的动作或变化[2];形态上如「研究する、買い物する、コピーする」一样,可以和功能动词「する」连用,构成サ变动词,抑或是如「取り消し→取り消す」一样,直接还原成动词。

基于以上概念,本书中动名词的判断标准即是:意义上表示行为主体的动作或变化;形态上可以动词化(サ变动词化或还原成动词)。

也就是说,影山(1993)只是单纯将形态上能否与功能动词「する」结合作为判断是不是动名词的依据。而本书则是从意义和形态两个方面来定义动名词的概念。究其原因,是因为我们知道能够与「する」结合的名词不一定都含有动作性,另一方面,含有动作性的名词又不一定都能和「する」结合。例如,能够和功能动词「する」结合的词类中除了不含动作的单纯名词(「汗→汗する」「値→値する」等)之外,还有拟声拟态词(「チン→チンする」「わくわく→わくわくする」等)甚至还有少数副词,显然这些词类都不能表达动作或变化;相反,能够表示动作或变化的词如「取り消し、立ち読み」等,却不能和「する」结合,即不能构成「取り消し→＊取り消しする」[3]「立ち読み→＊立ち読みする」的形式。

顾名思义,动名词既有名词性特征又有动词性特征,词性上是名词却又具备动词性,拥有独立的项构造[4]。例如,「旅行」「故障」等动名词即便不借助「する」的功能,也同样具备「外国を旅行中の事故」「エンジンが故障の場合」之类和动词相匹敌的对格、主格性构句功能。本书沿用影山(1993)的动名词概念,将动名词标记为"VN",对其展开论述。

2.动名词谓语句

通常,名词或者是相当于名词的词语后续断定助动词、助词(或终助词)等构成谓语的句子叫做名词谓语句。[5]相应地,动名词谓语句也就是动名词后续断定助动词、助词(或终助词)等构成谓语的句子。

依据上述定义,下列「動名詞＋だ」谓语构造可以说是动名词句的基本形态。

(1)この店は明日オープンだ。⑥

(2)謙作は用心しながら、一人段階をおりて行った。そして電話口へ立ったが、胸が悪く、すぐはかけられなかった。「登喜ちゃんは遠出ですが、小稲ちゃんのほうはたしかにあります。」

(3)あまり成長速度が速すぎると、将来のある段階で急ブレーキを踏まなくてはいけなくなる。そのときのショックが大きいから、いまのうちから適性スピードに調整しておいたほうがよい、との意見には賛成です。

(4)長かった夏休みも明日で終わりです。

(5)仕事は8時までで終わりだ。

(6)私はシンガポールで乗り継ぎです。

(7)もうあたし、これでいつ死んだっていいわ。あたし満足よ。あなた、もう寝て頂戴な。

与此相对,类似于「太郎は村人に狼が来ると警告(を)した」这种「動名詞＋する/をする」的谓语构造句,由于谓语部分已经动词化了,属于动词句⑦,故不属于本书所讨论的动名词句的范围。

当然,在现代日语名词谓语句中,句末形态即使不是「だ」,也可以是「です」「だよ」或「さ」,甚至是「AはB」的省略形态。换言之,以名词为谓语的名词句依据是否后续断定助动词、助词(或终助词)⑧又可以分为名词句和名词谓语句。即便是动名词谓语句的场合,也同样存在「だ」或「です」无形化而形成的动名词句。在本书中,这也属于动名词谓语句的形态之一。究其原因,是在日语中类似于以「春は曙」为代表的、直接以名词结尾的名词句本来就不是稀有句式的缘故。

(8)淡路島地震　阪神が断層に影響

(9)羽田空港再拡張、年度内着工に千葉県漁連が同意。

总之,在本书中,不仅仅是「動名詞＋だ」这种普通意义上的谓语句,类似于「です、である」「だ、だった」「だ、ではない」之类包含文体、时态以及肯定与否定的周边性对象也属于考察范围之列。

第二节　本书的研究目的与范围

1. 研究目的

在日语中，动名词(VN)，特别是汉语动名词历来就被等同为サ变动词，因此「VN＋する」形式被认为是其代表性的构造。事实上，由于动名词本身是名词，因此名词的代表性构造「N＋だ」同样适用于动名词，即动名词同样能够构成「VN＋だ」句式。而且，由于动名词本身既具有名词的"＋N"性又具有与动词的"＋V"性这种二重性特征，使得动名词既能与名词相通又能与动词相通，进而使得动名词谓语句获得了不同于单纯名词谓语句以及单纯动词谓语句的独特性。

但是，关于「VN＋だ」的研究远远落后于「VN＋する」。因此，本书以历来被忽视的动名词谓语句(分位于句末和句中两种场合)为研究对象，旨在探究动名词的词汇构造、辞格赋予、句式构造以及动名词谓语句所具有的语法范畴，在此基础上考察动名词谓语句的意义解释。

2. 研究范围

名词的词汇意义范围非常广泛，可以和动词、形容词一样表达事物的动作、变化、状态和性质。本书基于名词能够表达动作、变化的特性(事象性)，为论述方便而沿用影山(1993)的动名词概念，但进一步拓展了动名词的范围。如前所述，影山(1993)是以能否与「する」结合作为动名词的判断基准的，但实际上，表示动作、变化的名词中包含不能与「する」结合的部分。[9]

例如，在「請け負い、受け取り、引き受け」等词中，可以有「請け負いをする、受け取りをする、引き受けをする」等形式，但是「＊請け負いする、＊受け取りする、＊引き受けする」构成サ变动词则不自然，不符合现代日语的一般构词习惯。影山(1993)将上述现象成为"词汇阻抑"(lexical blocking)。也就是，对于既已存在的词语来说，重新创造一个与之意义完全相同的词语不符合语言的经济性原则。但是，这些词都可以还原成既已存在的固有动词。

因此，本书中动名词的范围以表示行为主体的动作或变化、并且可以动词化作为判断的依据，形态上除了可以与「する」结合的サ变动词、和语词、外来语、混合词之外，还包括不能与「する」结合的动词连用形。图示化如下：

$$
研究范围 \begin{cases} 可以与「する」结合的部分 \\ （影山(1993)的动名词） \end{cases} \begin{cases} 汉语 \\ 和语（「～する型」）\\ 外来语 \\ 混种语 \end{cases} \\ 不能与「する」结合的部分　动词连用形^⑩（非「～する型」）
$$

图 1.1　本书中动名词的范围

当然，动名词还有诸多类似的称谓[⑪]，为论述方便，本书统一称为动名词（VN）。同时，如前所述，本书不仅仅论述"动名词谓语"，还包括与之关联的构词、构句、语法范畴、意义解释等方面。

第三节　研究方法与素材

1. 研究方法

本书在利用语料库的基础上，结合笔者自身的内省与科研积累，阐明动名词谓语句的整体面貌。

语料库是所谓"资料的集合"。近年来，利用数据库进行的各种实证研究已经取得了众多成果，语料库在词汇研究、语法研究、翻译研究以及比较语言学研究方面已经确立了牢固的地位。本书首先在调查语料库大量语言素材的基础上确立动名词的范围，如前所述，本书在影山(1993)的基础上，将动名词范围拓展至不能与「する」结合的动词连用形。接着分析动名词的构词方式，将动名词分为单纯动名词与复合动名词，分析动名词的句法功能以及意义特征，探究动名词的语法范畴和意义解释。最后归纳全书，提出今后的研究展望。

2. 研究素材

本书采用基于语料库的实证研究，从语料库中抽取用例，归纳研究对象

的主要特征，因此，为提高研究结果的精准度，作为研究基础的语料库的规模必须达到一定的体量要求。本书的语料来源包括先行研究语料、青空文库、CD-ROM版新潮文库100册、日文版小说、朝日新闻、每日新闻以及笔者在二十余年的日语学习与教学过程中积累整理的语料。

第四节　观点与定位

笔者认为，由于名词的意义范围极其广泛，因此包含动作性的名词，也即动名词作为名词的一个下位分支具备充分的理论基础。

由于动名词具有动词性，因此动名词本身具有辞格赋予的能力。在句式构造上，动名词拥有与动词相同的项构造。但另一方面，由于动名词本身是名词，名词性特征使得其副词性连用修饰成分(特别是和语副词成分)远远低于单纯动词句。不仅如此，总体上来说动名词谓语句少有否定式、中顿式、条件从句、转折从句等，也就是说，动名词谓语句在构句形态方面明显弱于单纯动词句，缺乏柔软性与分节性，具有相对僵硬、单一的构句特征。

另外，虽然具有动词性，但由于缺乏动词式的词尾活用变化，在语法功能的实现方面，必须借助接辞(接头词、接尾词等)的参与。在动名词的接辞中，分别有表示体态的(未～、～中、～後・済み)、表示否定的(不～、未～、非～、無～)、表示语气的(要～、～禁止)接辞等。

通常，名词句的意义解释除了要考虑主谓关系之外，说话的场合、修辞甚至是语用因素都必须纳入考察范围。但在动名词句的意义解释场合，由于动词性的介入，更多在于考察命题的构造与叙述的类型，依此来解释动名词句的意义。

目前，在中国的日语教学中，动名词还不是一个广为人知的概念。但是在日语教育的各个阶段实际上都有动名词的存在。笔者认为在日常教学情景中，通过引进动名词概念，解释其二重性特征，会进一步提高学习与教学的效率，特别是高年级的报刊选读和文学作品选读课程。

第五节 本书的结构

本书共由九章构成。每章的内容如下：

第一章是序章。主要是解释本书的核心概念——动名词与动名词谓语句，同时说明本书的研究目的、范围、方法、素材、基本观点等。

第二章梳理、分析先行研究。本章将先行研究分为"动名词"与"动名词谓语句"两个板块进行检索，在整理、归纳先行研究的基础上，分析其盲点，指出对动名词进行系统研究的必要性。

第三章分析动名词的特征。在探究动名词确立理据的基础上，将动名词与名词、动名词与动词进行比较，提炼出动名词既有名词性（＋N）又有动词性（＋V）的二重性（＋VN）特征。

第四章考察动名词的构词。动名词可以由汉语词、和语词、外来语、混合词等词类转化而来。在形态上大致可以分为单纯动名词与复合动名词。

第五章分析动名词的构句。在句式构造上，动名词与动词几乎相同，拥有"格成分＋修饰成分＋动名词谓语"的构造形式。但动名词自身的名词性（＋N）与动词性（＋V）关系，赋予了动名词句式不同于动词句与名词句的独特性。

第六章考察动名词谓语句的语法范畴。本章按照「未 VN」→「VN 中」→「VN 後」的顺序考察动名词句的体态特征以及动名词的四种否定方式（名词性否定、动词性否定、接辞性否定、后置否定）、「要＋VN」「VN＋禁止」等不同于单纯名词以及单纯动词的独特语气表达方式。

第七章考察句中动名词句节。首先在形态上分为「ノ系」和「ダ系」。然后依据句法功能上的差别分别展开论述。

第八章论述动名词句的意义解释。与普通的名词句不同，动名词句必须依据叙述的类型来进行意义解释。同时，意义解释还与动名词句的有题与无题相关。

第九章聚焦日语教学中的动名词。分词汇、用法以及实例三个方面整理说明，探讨动名词在实际日语教学中的应用。

【注释】

① 铃木(1972)指出"动词后续「の」再后续其他格，动词就和名词发挥着相同的作用，这就叫做动名词"；高桥(1995)指出"在以动词结句的主语句、主语节、补语句、补语节中，动词以连体形后续「の」，终止形后续「か」的形式出现，此时动词对前或支配名词的连用格，或接受副词的修饰，完全发挥动词的功能，这就是动名词"。如上所述，铃木(1972)是以动词的连体形加「の」所构成的形态作为动名词的，高桥(1995)则是在铃木(1972)的基础上将动词终止形后续「か」的形态也纳入了动名词的范围。两者对动名词的看法基本一致。也就是将动名词定义为通过添加「の」或者「か」使得动词发挥着与名词相同的功能。两者对于动名词的定义与本书采用的影山(1993)所提出的概念是完全不同的，具体请参考第二章。

② 关于动作性，本书依据奥田(1977)中所规定的"主体动作"和"主体变化"的概念，也就是说这里的"动作性"包含主体的动态性动作和静态性变化两个方面。

③ "＊"在本书中表示不符合语法规范或不能接受的形式。

④ 项构造是记述谓语所对应的名词节的语法形态，其发展可以追溯到Fillmore(1968)的格语法学说。只是在Fillmore(1968)的格语法中，句中出现的所有意义项都是格语法的对象，而在项构造中则只是着眼于谓语的项(argument)，时间、场所、手段等附加词(adjunct)不在讨论之列。例如，在「上田先生はきのう梅田で学生とビールを飲んだ」一句中，除去附加词「きのう、梅田で、学生と」，只有主语「上田先生」和宾语「ビール」属于谓语「飲む」的项构造记述对象。项构造的标记方式有多种多样，其中，对于是否需要标记施动者(agent)、对象(theme)之类的意义素，或者是其他的θ作用素，已经成为学界讨论的焦点。

⑤ 关于名词谓语句的定义，《日本语教育事典》记载："又称名词语句。一般是指体言或相当于体言的词语后续断定助动词、助词(终助词)形成谓语的句子。但是，基于体言或相当于体言的认定范围的变化，名词句的范围也会随之发生变化。「私は学生です」「あれ富士山だよ」等可以说都是典型的名词谓语句，但「步行者天国はかなりの人出だ」「このぶんでは明日も多分雨だ」「今日はもうくたくただ」「今日は第10課からだ」等能否认为是从属性名词句呢？本来，对于句子的分类都是对应于外语语法而指称的名词句、形容词句、动词句等三类，但这并没有完全覆盖所有句法类型。当然，在日语教学的场合，对于初学者而言作为句型结构的指导方法，这种分类无疑是很方便提高教学效率的。"

⑥ 此处下划线是笔者为论述方便而添加的。

⑦ 长谷川(2004)指出"单纯以「VNする」作为一个词的动词与和语动词不能完全等同处理"，也即不能将「VNする」与和语动词同一而视，但由于「VNする」属于动词谓语句，因此本书在此不做赘述。

⑧ 关于这一点，铃木重幸(1972)指出"名词充当谓语时，名词后续「だ」「です」，这种「だ」「です」相当于句末成分"，也即名词作谓语时，名词后续「だ」「です」，「だ」「です」为接续成分。

⑨ 另一方面，如前所述，能够与「する」结合的单纯名词在日语中也为数不少。如「汗（汗する）」「価（価する）」等。具体请参考"动名词与词类的转化"一节。

⑩ 西尾寅弥(1997)将动词连用形称为"连用形名词"，并进而指出"连用形名词很难与动词的名词性用法加以区别，有的具有与原动词相近的性质，而有的则与原动词完全不同，因此其语用范围很广"。

⑪ 铃木重幸(1972)称其为"动作名词"；益冈隆志、田洼行则(1992)指出汉语及外来语原则上都是作为名词引进到日语中的，将汉语和外来语作为动词使用时，必须添加形式动词「する」，因此这类动词必须称为"借用动词"；工藤修之(1997)将具有动词性意义的名词称为"动作性名词"；长谷川(2004)指出，在「する」动词构式中，除了二字汉语的熟语之外，还包含从英语等引进的借用词以及和语熟语，例如「ドライブする」「デートする」「立ち読みする」「がぶ飲みする」等，这种「する」前的汉语熟语、借用词、和语熟语的部分称为"动词性名词"。

第二章
先行研究综述

高桥(1984)指出,表示动作本来就不是名词的基本任务;市川保子(1990)在收集动名词句「～は～です」的用例时指出"数量非常少"。可见一直以来表示动作、变化的动名词往往被视同于サ变动词,「動名詞＋だ」句式独有的特征也因此被忽略。因此,在有关先行研究中,较之于「動名詞＋だ」,「動名詞＋（を）する」处于压倒性多数。①而且,「動名詞＋だ」基本上是在「動名詞＋する」的研究基础上衍生而来,因此,就研究程度而言,「動名詞＋だ」明显滞后。以下分别按照「動名詞＋する」也即动名词板块、「動名詞＋だ」也即动名词谓语板块,对相关的先行研究进行梳理分析。

第一节 动名词板块

如前所述,有关动名词的概念,铃木(1972)、影山(1993)、高桥(1995)、小林(2004)都有独到的论述。考察上述学者的研究,我们大致可以将动名词的定义分为两类。第一类是铃木(1972)以及高桥(1995)所主张的动词起点说的动名词;第二类是影山(1993)以及小林(2004)所主张的名词起点说的动名词。

1. 动词起点学说

所谓动词起点学说是指认为动名词原本是动词,是由动词转化而来的学

说。其主要代表是铃木(1972)和高桥(1995)。以下分别介绍。

1.1 铃木(1972)

铃木(1972)指出"动词后续「の」再后续其他格,动词就和名词发挥着相同的作用,这就叫做动名词",即动词后续形式名词「の」,在「の」后再接续其他辞格或系助词,动词就能发挥和名词一样的功能。这就是动名词。例如:

(1)ぼくは、<u>あそぶのが</u> すきだ。<u>あそぶのは</u>、きょうかぎりだ。[②]
ぼくは、<u>あそぶのに</u> あきた。<u>あそぶのも</u>、必要だ。

下划线处的「あそぶの」即是铃木(1972)所主张的动名词。依据铃木的观点,动名词是具备和名词相似的形态以及功能的动词。动名词拥有辞格、系助词、并列式,可以充当主语和宾语。当然,动名词和名词又有所不同,可以表示立场、样态、授受、将来、判断、恭敬、时态等语法范畴,乃至充当连用修饰句节,这与通常意义上的动词完全相同。

1.2 高桥(1995)

高桥(1995)指出"在以动词结句的主语句、主语节、补语句、补语节中,动词以连体形后续「の」,终止形后续「か」的形式出现,此时动词对前或支配名词的连用格,或接受副词的修饰,完全发挥动词的功能,这就是动名词"。也即,这种形态,对前句可以支配的连用格,承接副词等修饰语,发挥着动词的功能,但是动词本身活用[③],对后句则发挥着名词的功能。例如[④]:

(2)あなたが<u>いらっしゃるのを</u> ずっと まって いたのですよ。さあ、はやく おあがりください。

(3)その ためには、これを いつまでに<u>しあげるかを</u> きめなければ ならない。どこで <u>するか</u>は、その あとで きめれば よい。

(4)正面に みっつ くっついて、<u>ならんで いるのが</u> ヤマノジヤマ、その みぎのあたまが ぼうっと <u>かすんで いるのが</u> ホウタカヤマです。

上述例句中的划线部分「いらっしゃるの」「しあげるか」「するか」「ならんでいるの」「かすんでいるの」即是高桥(1995)所主张的动名词。

如上所述,铃木(1972)主张动词连体形后续「の」构成动名词。高桥(1995)则在铃木(1972)的基础上追加了动词终止形后续「か」也属于动名词。两者对动名词的看法基本一致,即通过添加「の」或「か」等接辞,动词可以发挥与名词相同的语法功能。因此,以上学说都主张动名词的起点是动词。

2. 名词起点学说

所谓名词起点学说是指认为动名词原本是名词,由名词转化而来的学说。其代表性学说主要有影山(1993)、小林(2004)以及影山(2006)。以下分别介绍。

2.1 影山(1993)

关于日语的词性,影山(1993)指出"在日语的主要词类中,除了名词(車、自動車、バス)、动词(食べる、取上げる)、形容词(美しい、うらやましい)之外,还可以设想具有英语中所没有的形容名词(adjectival noun)和动名词(verbal noun)两类"。影山学说认为动名词是与「する」连用而产生的动词化表现。例如:

  A 散歩する 研究する 徹夜する
  B 立ち読みする 夜遊びする 買い物する
  C テストする プリントする
  D *医者する *薄味する *自動車する *ネクタイする

由以上可知,影山(1993)的动名词包括 A 汉语、B 和语、C 外来语三个类别。依据与功能动词「する」的结合性,可以判断「病気(する)、休職(する)、去来(する)」为动名词,而意义上与之相近的「疾病(*する)、求人(*する)、去就(*する)」由于不能与「する」连用,因此不是动名词,而是单纯名词。同样,「間借り(する)、電話(する)、人見知り(する)」是动名词,而「借家(*する)、電報(*する)、物知り(*する)」只是单纯名词。

影山学说在学术界影响很大,以此为基础涌现出很多和动名词相关的研究成果。语言对比研究方面有:金荣敏(1999)「日韓両言語の軽動詞構文をめぐって」、尹亭仁(2003)「日本語と韓国語の漢語動名詞の統語範疇をめぐって」、佐藤裕美(2005)「名詞的/動詞的範疇:英語、日本語の動名詞構文からの

考察」(英文版)、若生正和(2008)「日本語と韓国語の漢字表記語の対照研究(漢語動名詞を中心に)」等；动名词的语法范畴方面有：文庆喆(2000)「『漢語語基＋中』の構成と意味」、本田亲史(2003)「漢語動名詞の使役交替」、大岛资生(2003)「動名詞節について」、松冈智津子(2004)「漢語名詞とスルが構成する2種類の述語の交替」、小林秀树(2004)『現代日本語の漢語動名詞の研究』(著作)、金英淑(2004)「『VNする』の自他性と再帰性」、佐伯亮则(2005)「接尾辞『中』に先行する動名詞の時間的特徴」、妹尾知昭(2007)「漢語による動名詞」、庵功雄(2008)「漢語サ変動詞の自他に関する一考察」、刘健(2008)《试论日语中的「～中(チュウ)」》、时江涛(2008)《论「動名詞」与结尾词「～中」的结合关系》、石立珣(2009)「『する』を伴わない動名詞の動詞性について——連用格と共起可能な『動名詞＋中』構文を中心に」等。

当然，上述研究中的"动名词"与影山(1993)主张的"动名词"不完全一致。例如在金荣敏(1999)「日韓両言語の軽動詞構文をめぐって」中，用的则不是"动名词"，而是"轻动词"。同时，上述研究的主旨也不都一致。但这些无疑都是在影山学说的基础上发展而来的，都在一定程度上阐明了动名词的某一侧面。

2.2 小林(2004)

小林(2004)出版了动名词研究学术专著《现代日语汉语动名词研究》，对二字、三字、四字汉语动名词的构词进行了讨论。主要内容如下：

第一章考察了动名词意义的表现方式、非对格性、不能构成「～をする」形式的动名词、自他两用二字汉语动名词。

第二章主要论述二字汉语动名词。从构词角度分析了具有动词性与名词性的二字汉语动名词的构词类型：即"动词性要素＋名词性要素"构造(VN－N)和"动词性要素＋动词性要素"构造(VN－VN)。

第三章主要考察三字汉语动名词。重点论述了接头辞「再」以及接尾辞「化」的构词功能。

第四章主要考察四字汉语动名词。分析了四字汉语动名词的两种构词方式，即"名词性要素＋动词性要素"构造(N－VN)和"动词性要素＋动词性要素"构造(VN－VN)。并且分析了不能与「する」结合的动名词。

对于动名词,小林(2004)定义为"所谓动名词就是能够成为サ变动词的名词"。同时指出类似「着陸する」的「着陸」,可以单独充当主语和宾语,因此可以认为是"名词的下位分支"。

2.3 影山(2006)

影山(2006)基于叙述类型(主要是事象叙述与属性叙述[5]的区别同样影响词汇构造的假设,提出了事象叙述和属性叙述的区别在复合词的构词领域同样适合理论。影山将具备"外项＋VN"构造的表现分为四种类型[6](表2.1),认为其中三种可以视为复合词。这些复合词性质上的显著差异来源于其构造派生上的差异性。他进一步阐述了表示事件发生的事象叙述转化为表示主题名词性质的属性叙述的机制。

表 2.1 复合词的类型与叙述类型

类型\属性	叙述类型	XはYだ	作为复合词的资格
A 型 「新聞社主催の」	属性	○	○
B 型 「シェフ経営の」	属性	×	○
C 型 「気象庁発表の」	事象	×	○
D 型 「ファン待望の」	事象	×	×

影山(2006)围绕构词展开论述。关于「動名詞＋だ」,仅在将「XはYだ」作为外项复合词类型判断的基准时有所论及。但这可以说是动名词谓语句研究中的新视点[7]。

比较以上先行研究,关于动名词,可以说大致分为两类。为比较先行研究以及笔者的定义,归纳列表如下:

表 2.2 动名词定义比较

学说	词性[8]	句中的功能	范围
铃木(1972)	动词	通过接续「の」接辞,动词发挥着名词同样的功能	所有动词
高桥(1995)	动词	通过「の」「か」接辞,动词活用发挥着名词性功能	所有动词
影山(1993)	名词(二重性)	与「する」结合构成サ变动词	可以与「する」结合的名词
小林(2004)	名词(二重性)	与「する」结合构成サ变动词	可以与「する」结合的名词
笔者(2013)	名词(二重性)	与「だ」结合,构成谓语	可以与「する」结合的名词;动词连用形

第二节　动名词谓语句板块

　　从词性角度来看,谓语的类型大致可以分为三种:单独动词谓语、单独形容词谓语、「名詞＋ダ」形谓语。铃木(1972)指出"名词一般指示物体或事件,充当谓语时,基本上是表示主语的性质或状态"。这里所说的"事件",与寺村秀夫(1968)所指出的名词的"事象性"基本一致。尽管到目前为止,动名词研究基本上都是围绕「VN＋する」展开的,但这并不意味着「VN＋だ」,即动名词谓语相关的研究完全没有。

1. 非系统性研究

　　这里所谓的"非系统性研究"是指原本不是研究动名词,但对动名词有所论及的研究。

　　松下大三郎(1930)将有活用词尾的动词、形容词称为"用言",没有活用词尾的名词、代名词称为"体言"。但同时指出,类似「平将門を追討の賞に」中的「追討」这类「語尾なし動詞」,即"无词尾动词",在近代化过程中逐渐增多。在松下语法中,以下划线部分即无词尾动词。

　　　　大島村ヨリ中生津村へ発砲、槙下村ヨリ蔵王村へ発砲…(略)東山
　　道出張之兵隊、転戦、奥州へ進入、白川攻撃之次第…

　　松下(1930)将二字汉语サ变动词分为"无活用动词"和"形式动词"。因此,「発砲、転戦、進入」等即所谓的"无活用动词"。

　　铃木(1972)在论述名词充当谓语时指出"动作名词作谓语时拥有与动词谓语相似的内容"。例如:

　　　　(5)この問題については、次の本を参照。　　(命令＝参照せよ)
　　　　(6)本日　午前七時　無事　男子を　出産。　(過去＝出産した)
　　　　(7)…法案　午後　衆院を　通過か。(未来、疑い＝通過するか)

　　对于上述动名词谓语拥有与括号中的动词谓语相似的内容,铃木(1972)仅仅指出"在句法学上应该详细讨论这类句式"。但遗憾的是铃木(1972)并

没有展开详细论述。

高桥(1984)从名词谓语句中主语与谓语的意义关系角度出发将名词谓语句分为四种类型。⑨其中，A 类即是「動作づけ」，即"赋予动作"。高桥(1984)将「動作づけ」定义为"谓语指示主语所表示事物的运动动作"。例如：

(8)あっしゃもうこれきり断然絶交だ。
(9)われわれもいよいよあす出発だ。

但是，另一方面，高桥指出"赋予动作本来就不是名词的基本任务"，因此并没有就「動名詞＋だ」句式展开论述。早川(1986)也指出了名词的动作赋予性，但是同样仅仅举例「われわれもいよいよあす出発だ」，并没有详细论述。市川(1990)在高桥(1984)的基础上，考察了名词谓语句「～は～です」的意义和功能。但在名词谓语句"赋予动作、赋予状态、赋予性质、赋予同一"的四种类型中，考察了其中"赋予状态、赋予性质、赋予同一"的意义与功能，但对于"赋予动作"，仅指出"收集资料时用例极少"，而没有展开论述。

益冈隆志、田洼行则(1999)指出"借用动词⑩中的名词部分可以和判断词结合构成谓语"。但也仅限于举例，并没有具体说明。

(10)この店は明日オープンだ。
(11)今の仕事はもうすぐ完成だ。

吴大纲(2006)将名词分为"表示动作的名词""表示关系的名词""表示有属性的物体的名词""表示事物"四类。对于动名词，吴(2006)指出「出発」这一"表示动作的名词"作谓语时"与动词相似，支配连用格"。例如：

(12)使節、十日に、パリへ　出発。

但是当相同的「出発」充当主语或补语时，就不能支配连用格，而支配连体格，例如：

(13)パリへの　出発が　決まる。
(14)パリへの　出発を　発表。

因此，吴(2006)揭示了"表示动作的名词"(即本书的动名词)的动词性(支配连用格)与名词性(支配连体格)这种二重性特征。

2. 系统性研究

如上所述，在影山(1993)的研究基础上，动名词研究（当然主要是围绕"动名词＋する"展开）取得了长足的进展。其中，虽然为数不多，但也有围绕"动名词＋です"，即动名词谓语句而展开系统论述的研究成果。以下分别介绍铃木智美(2010,2011)以及田中伊式(2012)。

2.1 铃木智美(2010)

铃木(2010)围绕新闻报道中的"动名词(VN)/名词(N)＋です"句式展开论述，探讨了该句式的形态和意义特征。分别归纳如下。

形态特征：
都采用"动名词(VN)/名词(N)＋です"句式
多拥有「が/を/に」等格助词补语
都为无题句
不以过去式、否定式出现

意义特征：
具有在新闻报道节目中，新闻主播在播报新闻时的开场白性质。具有当某种新的变化或变动发生时，或者是事态出现了新的局面时，以此作为新闻向听众播报的功能。

在"动名词(VN)＋です"句式的场合，表示「VNする/VNした」「VNすることになった」「VNしょう/しなければならない」等意义。

在动名词以外的"名词(N)＋です"的场合，表示「Nで表される物事・事態が起こった・生じた/起っている・生じている/起こる・生じる」，即"该名词所指示事物或事态已经发生/正在发生/将要发生"等意义。

在动名词以外的"名词(N)＋です"的场合，伴随ガ格补语时表示「ガ格で表される主体がNで表される変化・事態を{起こした/起こしている}」，即"ガ格所指示的主体发生了/正在发生N所指示的变化或事态"等意义。

2.2 铃木智美(2011)

铃木(2011)以报纸的投稿栏、杂志的随笔、网络微博中常见的"「を/に」

等格助词补语＋动名词（VN）/近似感叹句①"为对象,考察了该句式的形态和意义特征。归纳如下：

形态特征：

都采用"「を/に」等格助词补语＋动名词（VN）/近似感叹句"句式

和单纯名词句不同,多拥有「を/に」等格助词补语

不以过去式、否定式出现

意义特征：

具有报纸的投稿栏、杂志的随笔、网络微博记事的特征。

「です」拥有传达发话人肯定判断态度的功能,这就表明了该动名词（感谢、反省、期待）或近似感叹句所表示的感情、心情就是发话人自身的想法。如果直接传达就会给听话人产生心理负担,并且由此也会给发话人自己产生心理负担。该句式具有为避免产生这种结果的功能。

形式上,该句式出现在有完整内容的结尾,具有概括该内容的功能。

2.3 田中伊式（2012）

田中（2012）以新闻报道中的"名词＋です"句式为对象,考察了所谓的"标题句"的特征与功能。

田中（2012）指出新闻报道开头部分出现的"名词＋です"标题句式,具有很强的冲击性效果,拥有传达新事态的功能。这种独特表现成立的要素在于两点：第一,本来该用动词的地方使用名词,并且用具有强烈"提起话题"功能的"です"结句；第二,通常由动词（或形容词）谓语句表达的"中立叙述"功能改由"名词谓语句"表达。田中（2012）进而讨论了该句式的"构造与功能"以及在新闻播报时的注意点。田中（2012）标题句的特征总结如下：

(1) 构句类型

Ⅰ型：○○が～です "主语部＋谓语部"型

Ⅱ型：～で～です、～に～です、～を～です 仅有谓语型

(2) 主题不出现的无题句

A（主题部）与B（谓语部）分开考虑时,标题句通常不是「AはBです」句式,而是「AがBです」。如将「津波で被災しながら復活したサンマ漁船が出港です」中的「が」换成「は」,即有题句「サンマ漁船は出港です」,则句式不自然。

(3)可以作为被动态使用

即便没有助动词「れる・られる」,动名词也往往能表达被动之意。例如「金正恩第一書記の側近が、突然すべての役職を解任です」中的「解任」不是「解任した」而是「解任された」之意。动名词「解任」本身即含有被动之意。

(4)不用过去式、否定式

田中(2012)全面考察了"名词＋です"标题句式的特征、构造与功能、容许度以及该句式广泛利用的背景等。田中(2012)的研究对本书有颇多启益。但田中(2012)的研究不全是动名词,也包括单纯名词。同时,与铃木(2010,2011)相同,田中(2012)的研究范围也是限于新闻报道领域,其结论能否推而广之尚待进一步研究考证。

3. 先行研究的问题点与本书的定位

以上分别按照动名词板块和动名词谓语句板块梳理分析了相关先行研究。毋庸赘言,这些先行成果对于动名词研究有着诸多启益。同时,对于语法研究的推进[12],乃至日语教育的发展都有着重要意义。

3.1 先行研究评价

尽管先行研究在诸多方面取得了突出成就,但也有一些尚待进一步完善的领域。整理如下:

第一,如前所述,「動名詞＋だ」的研究明显滞后于「動名詞＋する」。笔者以动名词为关键词,检索中国论文数据库 CNKI 以及日本论文库 CiNii,结果如表2.3所示。中国自不待言,在日本有关本书的研究对象"动名词谓语句"的研究论文同样为数寥寥。

表2.3 动名词研究成果的中日对比

数据库	(动名词)总件数	(日语动名词)件数	「動名詞＋だ」件数
CNKI(中国)	1336	1	0
CiNii(日本)	159	28	3

注:总件数是指以"动名词"为关键词检索到的所有数据

究其原因,可以说是动名词一直以来都被サ变动词化的缘故。因此,对于动名词有必要进行深入研究。

第二，关于「動名詞＋だ」，铃木(2010,2011)、田中(2012)分别从"新闻播报员播报新的新闻时的开场白""报纸投稿栏、杂志随笔、微博记事""新闻播报中的「名詞＋です」句式"三个角度收集「動名詞＋だ」的具体用例，分析其句式及意义特征，对本书的研究启益颇多。但上述研究同样存在如下不足之处。

考察范围的问题。铃木(2010,2011)以及田中(2012)的研究基本上集中在新闻报道等传媒领域。铃木(2010)指出"在非新闻传媒领域，上述研究成果是否适用尚待进一步考察"。

铃木(2010,2011)指出了动名词谓语句的形式及意义特征，但对于导致这些特征的内在原因并没有进一步探究。特别是动名词的二重性(＋VN)对其句式及意义特征的影响需要进一步探究。同时，铃木(2010,2011)以及田中(2012)都指出了"不使用过去式、否定式"特征，在新闻传媒领域为了提高信息传达的效率与临场感，一般不太使用过去式、否定式，理所当然。但就笔者所收集的数据来看，过去式、否定式同样适合于动名词谓语句。

第三，如前所述，动名词是名词的下位分支之一。动名词句应该和名词句一样，可以出现在句中。但是对于句中动名词句的形态、句式特征、句法功能等先行研究均无论及[13]。因此，在本书中，这些都会纳入研究范围。

第四，总体上说，动名词句是一种具有书面语中常见的简洁、略有生硬感的表现形式。这种表现形式非常适合于追求简洁、多用正式词汇的新闻报道等正式场合，对于日常生活中的动名词句应用及形态，先行研究几乎没有涉及[14]。

3.2 本书的定位

不可否认，由于动名词句在日语学习与研究中历来被等同于サ变动词，因此「動名詞＋だ」的独特句法特征一直被忽略了。动名词这一概念本身在中国的日语学习与教学中仍然不为人熟知。但在笔者十多年的教学经历中，经常会遇到以下句子。

(15)図書館へ本を借りに行きます。

(16)大学を卒業後、金が必要になったら働いて、あとは遊んで暮そうと思っている者もいた。

(17) もし、貴社がこの商品にご興味をお持ちならば、ぜひ弊社の代理店として、広く全国的に市場を開拓していただければ、なお幸いと存じます。

(18) 警視庁、承諾書を偽造の疑いで商工ファンド社員を逮捕。

上述例句(15)(16)是初级日语,例句(17)(18)则是中高级日语,都是有必要引进介绍动名词概念的场合。例句(15)(17)中的「借り」「お持ち」显然分别来自动词「借りる」「持つ」,那么,从词性上来说,「借り」「お持ち」到底是名词还是动词呢? 形态上看不出是动词,但如果是名词,却为何出现「を」格呢? 同时,例句(16)(18)中的「卒業」「逮捕」无疑是名词,但却赋予了「を」格。日语教学中的这类矛盾到底该如何应对呢?

总之,尽管熟练掌握动名词对于多数日语学习者而言不那么容易,但动名词以及动名词句在日语学习的各个阶段都会出现。因此,本书在系统研究动名词及动名词句的基础上,对动名词教学指导提出合理建言,以期能对日语学习与教学贡献绵薄之力。

【注释】

① 长古川(2004)指出"动名词,顾名思义,既有名词性的一面,又有动词性的一面,因此不能将「VNする」单纯化为和语动词"。由于本书讨论的焦点是「動名詞(VN)＋だ」,因此对于「動名詞(VN)＋する」,仅视必要而言及。

② 用例以及其中的下划线都是原著原封不动引用,以下同。

③ 所谓活用是指名词性词形变化(参见高桥『日本語の文法』p.31)。

④ 用例及下划线为原著引用。

⑤ 关于属性叙述与事象叙述,益冈(1987)指出属性叙述即"以属于现实世界的、具体的、实在物为对象,将其作为主题提出,叙述其所具有的某种属性的叙述方式";而事象叙述则指"叙述在现实世界的某一时间或空间中实现或存在的某一事象(动态或静态)的叙述方式"。

⑥ 影山(2006)将外项复合词具体分为以下4种类型。为方便记叙,此处省略了外项与动名词之间的休止符"｜"。

A型:朝日新聞社主催の公開シンポジウム、政府・自民党合作の法案、総務庁担当の業務、厚生省所管の特殊法人、安藤忠雄氏設計のホテル、プロカメラマン撮影のポートレート、市民主導のプロジェクト、建設省直轄の工事、自民党公認の立候補者、高田三郎作曲の合唱曲「水のいのち」、木村拓哉主演のドラマ、仁田教授編集の文法事典

B型：長官指示の特別説明会、フェラガモ経営のホテル、小林秀雄執筆のコラム、ワルター指揮の交響楽団、国木田独歩探訪の地、女性運転士運転の新幹線、ベテランパイロット操縦のセスナ機、豊臣秀吉築城の桃山城、アメリカ軍放出の中古家具、広島市払い下げの路面電車、リイド社発売のコミックス『ゴルゴ13』、犯人指定の口座、福上忍顕氏栽培のサクランボ、農林大臣賞を受賞した福島県金沢浩氏育成の話題品種、中田選手出場のサッカー試合

C型：気象庁発表の火山情報、藤村氏発掘の上高森遺跡、関勉氏発見の新小惑星、民主党議員提出の質問書、武豊騎乗のハルウララ、ウォルト・ディズニー創設の芸術大学、元プロ野球選手設立の会社、山形県警逮捕の振込め詐欺団

D型：立川市民待望の立川駅ビル建設、音楽ファン熱望の特別公演、海上自衛隊自慢の潜水艦、若者あこがれのブランド、職人さん入魂の美しいお菓子、イチロー会心の本塁打、マニア垂涎のお宝グッズ、当店おすすめのワイン、女性必見のお買い物情報、法科大学院生必読の判例ガイド、ビジネスマン必携の辞書、大学図書館必備の基本図書、鉄道ファンおまちかねの総合鉄道サイト

⑦影山(2006)指出，「XはYだ」句式本身既可能是属性叙述又可能是事象叙述。例如：

属性叙述：日本国の紙幣はすべて日本銀行発行です。

事象叙述：この紙幣は平成15年に日本銀行の発行です。

⑧关于动名词的词性，铃木(1972)指出"动名词拥有动词性特征，同时又具有与名词相当的形态与作用，从词性上来说，是介于动词和名词之间的词性，可以归类为广义的动词"。

⑨高桥(1984)的四种类型如下：

A型：述語が主語の動作をさししめしているもの………"賦予动作"

B型：述語が主語の状態をさしめしているもの…………"賦予状態"

C型：述語が主語の質的な属性をさししめしているもの…"賦予性質"

D型：主語と述語が同一の物事をさししめしているもの…"賦予同一"

⑩汉语、外来语原则上都是作为名词进入日语体系的。因此，要将汉语、外来语作为动词使用时，就必须添加形式动词「する」。这就是借用动词。

⑪所谓近似感叹句，是指分别时的寒暄、出发或迎接时的寒暄、感谢寒暄、答谢寒暄、就餐寒暄等表现。本书以动名词为中心，因此对于以下"近似感叹句"不作赘述。

美味しいご飯を食べたい方に。特選米。厳選米。こだわりのお米をご自宅へ直送いたします。(中略)なにもともあれ、お米の通販「タクダ・ライス」をよろしくです。

私は今年の24日、25日は地元から友達夫妻が遊びに来てたので観光案内をしたりして一緒に過ごしました。(中略)東京に来てから一番、色色なクリスマスを体験した二日間でした。逆に、友達夫婦に素敵なクリスマスをありがとうです。

⑫ 小林(2004)指出"汉语サ变动词的研究明显滞后于和语サ变",因此,动名词研究的积累对于弥补、促进汉语サ变动词的研究大有裨益。

⑬ 对于标题句的使用位置,田中(2012)指出:"在 NHK 的场合,主要用于新闻报道节目的开头部分。或者是在节目内切换新项目,导入新话题时使用。当然在民间电视机构的情况下,多用于进广告之前介绍下一个节目的场合,这可以说是为了维持收视者的收视兴趣直到广告后的节目。"可见这里的"位置"与本书所讨论的句中位置完全不一样。

⑭ 关于标题句的使用"容许度"问题,田中(2012)指出"动名词句在日常生活中也会出现,因此不能说是一种生僻的表现形式"。但对于日常生活中的动名词句,田中(2012)并没有深入研究。

第三章
名词 动词 动名词

第一节　名词的基本性质

1. 名词的语法性质

　　表示物、事、态等概念的词即名词。作为主要词类之一的名词,通常可以和系助词连用构成主题;和格助词连用构成主语、宾语、连用修饰语、连体修饰语;与「だ」连用构成谓语等。名词词汇意义的核心即其所指示的具体事物的概念。这种概念在句中又能构成各种不同成分,从而赋予了名词上述众多语法性质。也就是说,依据不同的生活需要,名词几乎可以充当所有成分,在句中发挥着多种语法功能,是语言中不可或缺的重要词类。

2. 充当谓语的名词

　　如上所述,名词和动词一样是语言基本词汇之一、基本语法范畴之一,也是构成句子这一语言单位的基本要素之一。在充当谓语的名词谓语句中,基于主谓关系或名词的性质不同,名词可以有多种类型,但总体上都是表示主语所指示的事物、事件的性质或状态。

　　一般而言,名词指示事物或事件。但充当谓语时,则侧重事物、事件的属性(性质或状态)。具体而言,可以分为事物或事件的物象性、事象性、意志或

非意志性、相对性、形容词性、动词性等不同的意义侧面。名词谓语句意义的多样性缘于名词本身意义范围的广泛性。

3．名词的意义范围

  铃木(1972)指出"比起其他词类,名词的词汇意义范围极其广泛"。从语法性质上来说,名词可以说是物象性词汇,但芳贺绥(1978)指出"森罗万象的事物,不管是什么东西,通过赋予概念的形式进行命名,就可以成为一个名词"。因此,就意义而言,名词具有许多的意义内容。通常,动词表示动作与变化;形容词表示状态,都具有相对固定的意义领域。虽然名词的中心意义是表示具体物象,但除了这个基本意义之外,还涉及该物象存在的场所、时间乃至其变化、状态、性质、数量、关系等侧面。

  对名词广泛的意义范围进行范畴化的研究从未间断。寺村(1968)将名词的意义特征分为"物象性""事象性""场所性""时间性";塚原(1968)指出日语的名词具有事物、事态、状态三种意义功能,到底指示哪一种须由具体的语境、场合来决定。

  周星(2011)将名词分为实质名词和形式名词。实质名词又分为具体名词与抽象名词。具体名词包括人物名词、组织名词、生物名词、身体部位名词、自然物名词、人造物名词等;抽象名词包括精神名词、行为名词、性质名词、关系名词、位置名词、关系名词、数量名词、时间名词等。

  归纳以上名词的意义,可以图示化如下:

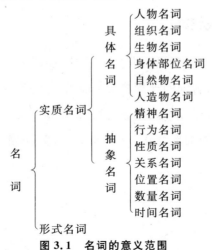

图 3.1　名词的意义范围

名词意义的范畴化对于名词以及名词谓语句的研究有着重要意义。本书在这些先行研究①的基础上，将名词分为表示概念与性质的"单纯名词"、表示动作与变化的"动作名词"、表示形态与状况的"样态名词"三个范畴，并以"动作名词"为对象展开研究。

第二节　动词的基本性质

1．动词的语法性质

动词具有所有词类中最为复杂的形态及语法性质。高桥（1995）指出"动词是表示运动，在句中主要充当谓语，可以有词尾活用（即基于情态、时态的词形变化）的词类"。② 动词在充当谓语、修饰语时，词尾会发生多种词形变化。

动词的语法范畴中有由派生所表示的"立场""断定""郑重"；与辅助性单词结合所表示的"样态""意志""授受"；由词尾活用所表示的"情态""时态""中顿""条件""反条件"等等。同时，这些语法范畴的表现形式也构成了单词形态论的一部分。

2．充当谓语的动词

充当谓语是动词的首要语法职能。此外，还能充当定语或修饰语。动词在句中与连用性形式（名词的连用格、副词、助动词等）搭配，支配名词的连用格。从形态论来看，时态、语态、体态、意志、郑重、断定、授受、中顿、条件等语法范畴都会引起相应的词形变化。以「泳ぐ」为例，词形变化如下所示：

表 3.1　动词「泳ぐ」的词形变化

テンス	泳ぐ、泳いだ
アスペクト	泳ぐ、泳いでいる、泳いである、泳いでいく、泳いでくる
ヴォイス	泳ぐ、泳がれる、泳がせる、泳がせられる
ムード	泳ぐ(のべたての断定形)、泳ぐだろう(のべたての推量形)、泳ごう(さそいかけ形)、泳げ(命令形)
もくろみ	泳いでみる、泳いでみせる
丁寧さ	泳ぐ(普通の言い方)、泳ぎます(丁寧な言い方)
みとめかた	泳ぐ(みとめ)、泳がない(うちけし)
やりもらい	泳いでやる、泳いでもらう、泳いでくれる
中止め	泳ぎ(第一中止め)、泳いで(第二中止め)
条件	泳げば、泳ぐなら、泳いだら、泳ぐと
局面	泳ぎ始める、泳ぎかける、泳ぎ続ける、泳ぎ終わる

3. 动词与名词的比较

以上分别论述了名词与动词的性质。以下通过具体的词例对名词和动词进行对比分析。

以「およぐ」为例,「およぐ」是动词,而「およぎ」则是名词。名词「およぎ」可以在句中充当主语或补语。而动词「およぐ」借助时态、语态、体态、意志、郑重、断定、授受、中顿、条件等语法形式,在句中充当谓语,表示主语所指示事物的动作或状态变化。并且,「およぎ」在句中承接连体修饰成分,而「およぐ」则承接连用修饰成分,并且支配名词的连用格。名词与动词的关系如下图所示,动词如图 3.2A 所示,沿时间轴依次实现过去、现在、将来的时态以及与之相随的开始、进行、完结的体态范畴。而名词如图 3.2B 所示,由于是超越了时间范畴的概念,因此没有时态、体态等语法范畴。

但是,动词与名词之间存在连续性。铃木(1972)指出"动词的第一中顿形式(动词的ます连用形)可以直接成为名词"。动词的第一中顿形式是频繁使用的构词要素之一。由此产生的名词称为派生名词,派生名词可以与格连用充当主语、宾语或修饰语。总之,动词与名词之间仍然有着各种不同性质的连续性。

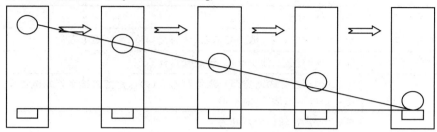

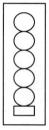

图 3.2　动词与名词

第三节　动名词的确立

如上所述,名词的意义可以范畴化。本来名词意义的下位分类在日语中缺乏理论依据,因为日语中并不存在西欧语系中的抽象名词、物质名词、集合名词等的分类方式。但是,名词意义的范畴化无疑为动名词的确立提供了理论依据。原本日语词汇的分类依据学校语法分为名词、动词、形容词以及形容动词四个主要类别。但一直以来,这种分类方式在国语学、日本语学的学者中意见并不统一。

其中,影山(1993)指出"在日语的主要词类中,除了名词(車、自動車、バス)、动词(食べる、取上げる)、形容词(美しい、うらやましい)之外,还可以设想具有英语中所没有的形容名词(adjectival noun)和动名词(verbal noun)两类"。由此提出了动名词的概念。在影山(1993)的基础上,许多研究者对动名词进行了大量不同侧面的研究,更进一步巩固、确立了动名词概念。

动名词能够单独充当主语、宾语的功能与名词相同,因此一直以来都仅

仅被当作名词(或者是能成为サ变动词的名词)处理。但是,这些动名词与单纯名词不管是形态还是功能都不尽相同。

1. 动名词与名词的共通性

(1)「さあ…、そんなことより勝ちゃんお勉強まだでしょう、お勉強して成績がよくなったらもっといい犬を買ってあげますよ。」

(2)本当に小説の勉強をはじめたのは、二十六の時である。それまでは専ら劇を勉強していた。

在例句(1)(2)中,「勉強」本来是名词,和「する」结合构成サ变动词「勉強する」。小林(2004)指出,动名词具有如下名词性特征。

①予想が…。　投票が…。　換金が…。
②予想を…。　投票を…。　換金を…。

也就是说,动名词和单纯名词一样,都能单独以主语「～が」、宾语「～を」的形式使用。动名词与名词的共通性还可以通过表示用途的「～用」来证明。

A. 名詞＋用

自動車用　　専門家用　　教職員用　　ビル用
園芸用　　　鍋物用　　　プロ用　　　レストラン用

B. 動名詞＋用

料理用　洗顔用　　連絡用　　渡航用　　潜水用　　再生用
振込み用　　払い戻し用　　取調べ用　煮炊き用　　荷造り用
引き越し用　　山歩き用　　テスト用[③]

C. 動詞＋用

＊食べ用　＊歩き用　＊潜り用　＊調べ用　＊腰掛用

可见「～用」可以与名词和动名词搭配使用,但不能与动词连用形搭配。

2. 动名词与动词的共通性

动名词与动词的共通性可以通过表示尊敬的「お/ご～になる」与表示请求的「お/ご～ください」来证明。

A. お＋動詞連用形になる

お乗りになる　お怒りになる　お立ち寄りになる

B. ご/お動名詞になる

ご乗車になる　ご立腹になる　ご訪問になる

C. ご/お名詞になる

＊ご自動車になる　＊お医者になる　＊お手紙になる

A. お＋動詞連用形＋ください

お話ください　お立ち寄りください　お取り計らいください

B. ご/お動名詞＋下さい

ご検討ください　お電話ください　（ごゆっくり）お買い物ください

C. ご/お＋名詞＋下さい

＊お医者ください　＊ご電報ください　＊お買い物籠ください

这些句式排除了单纯名词,只能适用于动名词与动词连用形。此外,动名词与动词的共通性还能通过复合词「～上手」进行检验。

A. 動詞＋上手

聞き上手　話し上手　ほめ上手　おだて上手

B. 動名詞＋上手

物まね上手　買い物上手　運転上手　木登り上手　洗濯上手
きりもり上手　やりくり上手　料理上手　逆立ち上手

C. 名詞＋上手

＊歌上手　＊かるた上手　＊一輪車上手　＊楽器上手

3. 动名词的独特性

第一,与「する」的结合性。动名词基本上都能与「する」结合,但是如 D 所示,单纯名词极少能与「する」结合实现动词化。

A　散歩する　研究する　徹夜する

B　立ち読みする　夜遊びする　買い物する

C　テストする　プリントする

D　＊医者する　＊薄味する　＊自動車する　＊ネクタイする

依据这一基准,可以判断「病気(する)、休職(する)、去来(する)」为动名词,而意义上与之相近的「疾病(＊する)、求人(＊する)、去就(＊する)」由于不能与「する」连用,因此不是动名词,而是单纯名词。同样,「間借り(する)、電話(する)、人見知り(する)」是动名词,而「借家(＊する)、電報(＊する)、物知り(＊する)」只是单纯名词。

第二,与「～方法」的结合性。从形态上来看,复合词「～方法」也基本上都与动名词连用,而不能与名词、动词连用形搭配。

A. 動名詞＋方法

治療方法　研究方法　調査方法　調理方法　操作方法
運転方法　作業方法　選別方法　選出方法　取り締まり方法
払い込み方法　払い戻し方法　取り消し方法　請負方法
支払い方法　　受け取り方法　テスト方法　チェック方法

B. 動詞連用形＋方法

＊払い方法　＊消し方法　＊動かし方法
＊取り方法　＊回り方法　＊選び方法

C. 名詞＋方法

＊医学方法　＊自動車方法　＊柔道方法　＊コンピュータ方法

如 A 所示,在与「～方法」连用的实例中,包括汉语、和语以及外来语动名词。当然,并不是所有动名词都能与「～方法」自由连用,但即使不能适用,也能构成所谓的临时性复合词。与此相对,几乎没有 B 或 C 的用例。也就是说,与「～方法」复合的前项要素必须是动名词。以下是具体用例。

(3)人間もやはり自然界の一存在で、その住んでいる土地に出来るその季節のものを摂取するのが一番適当な営養<u>摂取方法</u>で、気候に適応する上からもそれが必要で、…

(4)ちょっといい<u>審査方法</u>だと思った。

(5)従って同一の思想の活動は、ヨーロッパの左翼の闘争が生活機構の<u>変形方法</u>である時に、日本の左翼は日本独特であるところの秩序という自然に対する闘争の形となって現れてしまったのです。

(6) それが習慣であり、又半ば飢えている町人にとっての殆ど唯一の<u>生活方法</u>なのである。

第三,动名词的独特性还能通过「じん」和「にん」的连用方式来体现。除「仙人、他人、悪人、商人」等一字汉语词例之外,考察类似于「知識人、管理人、払い込み人」之类的二字汉语或近似于二字汉语的词例,就会发现以下连用方式的区别。

「じん」(単純名詞)

異国人　財界人　知識人　一般人　異邦人
外国人　日本人　原始人　国際人　社会人
都会人　関西人　南蛮人　野蛮人　文化人
宇宙人　民間人　アジア人

(例外:帰化人、渡来人)

「にん」(動名詞)

案内人　看護人　鑑定人　管理人　発起人　料理人
奉公人　苦労人　後見人　口述人　在京人　留守人
参考人　支配人　借家人　受信人　けが人　謀反人
商売人　世話人　選挙人　相続人　代理人　編集人
貧乏人　保証人　弁護人
請け負い人　受け取り人　介添え人　指図人　勤め人
下請け人　支払人　立会人　仲買人　遊び人
荷受人　引受人　振込み人　口入人　振出人
差出人　雇い人

(例外:管財人　被告人　極悪人　小作人　渡世人　犯罪人)

由以上可知,「じん」多与单纯名词连用,而「にん」则原则上与动名词连用④。

4. 动名词的二重性

以上在影山(1993)的基础上,从语法形态的角度对动名词与名词、动名

词与动词的共通性进行了分析考察。松下（1977）指出，从词性的角度来说，所谓的"无活用动词"（即本书的动名词）具有跨动词与名词性的二重性特征。例如：

①あの人は立派な紳士です。
②京都を御立ちが夜の十二時だと聞きました。

「紳士です」承接「立派な」定语修饰成分，因此具有明显的名词功能，但从用法上的终止格来看，又具有明显的动词性功能。同时，「御立ち」对前承接「京都を」状语修饰成分，具有动词功能，对后与「が」格连用构成主语，又具有名词性功能。

当然在本书中，「紳士」是单纯名词，「御立ち」是动名词。松下语法认为「紳士です」是名词兼动词，虽然对前句具有名词性功能，但总体上却发挥着动词性功能，因此，「紳士です」是动词，是名词性动词。与此相对，「御立ち」是动词兼名词，虽然对前句具有动词性功能，但总体上却发挥着名词性功能，因此，「御立ち」是名词，是动词性名词。

因此，松下语法中的二重性，虽然包括「紳士です」这样的「単純名詞＋です」构造，但也包括「御立ち」这样的动名词，这可以说是动名词二重性理论的最初雏形。

换言之，动名词是名词的同时，包含动词性，具有名词性与动词性这种二重性特征。因此动名词句具有不同于名词句和动词句的句法及语法特征。例如：

(7)午後三時に駅で待ち合わせです。
(8)来週は部長と北海道へ出張です。
(9)警察が厳重に正月暴走を取り締まりです。

以上动名词谓语句和「彼は学生です」名词句一样，动名词「待ち合わせ」「出張」「取締り」分别与「です」连用构成谓语，但同时又都和动词句一样，承接「で、へ、が、を」等格成分。

综上所述，动名词相对前句是动词，相对后句则是名词，与名词和动词具有共通性。动名词兼有名词性与动词性这种二重性，这是本书立论的基础。

本章小结

一般而言，名词和动词是所有词性中最重要的词类。就名词与动词的关系[5]而言，正如寺村（1982）指出的一样，在日语的四大类词性分类之间存在着"词性间的连续性"。名词和动词之间在词性上同样存在着连续性，动名词所具有的二重性即是这种连续性的体现。换言之，动名词跨越了动词与名词两大词性，其关系可以图示化如下：

图 3.3　动词、名词、动名词的关系

动名词与单纯动词及单纯名词在形态上、功能上都不尽相同。动名词的独特性及二重性不仅体现在词汇层面，在句法及语法层面也都有体现。本书以动名词为研究对象，旨在考察探究动名词的构词、语法、句法及意义等诸多方面的特征。

【注释】

① 益冈、田洼（1992）指出："日语中的名词可以分为人名词、物名词、事态名词、场所名词、方向名词、时间名词等基本意义范围"；吴大纲（2006）将名词范畴化为"表示动作的名词""表示关系的名词""表示有属性的物体的名词""表示事物"四类。

② 有关动词的定义，铃木（1972）指出："在单词中，有表示人或物的动作、状态变化、存在的单词。这类单词即是动词。"

③ 关于「テスト」，铃木（2010）指出："在「明日はテストですよ」的意义中，由于不能形成「＊テストする」的形式，因此不能认为该句中的「テスト」是动名词。所谓「テストする」不是指在学校里的考试，而是指检测某物是否运用良好，如「マイクの具合をテストする」等，此时的「テスト」才能视为动名词。"本书认为「明日はテストですよ」是「試験を行う」的意义，即便这里不能与「する」连用，仍能视为动名词。

④ 关于「～じん」和「～にん」的区别，野村（1977）指出："「～にん」只能与用言类词干相结合，而「～じん」则只能与体言类的词干相结合。"这里的"用言类"即相当于本书的"动名词"。

⑤ 关于名词与动词的关系,周星(2008)指出:"关于名词与动词的关系,可以说名词在接受动词支配的同时,又和动词相互补充,从而构成句子,这就是名词与动词的关系所在。"可见周星(2008)主要是针对名词和动词的句法关系而言的,而本书中的名词与动词的关系则主要是着眼于词汇性关系的。

第四章

动名词的构词

词构成一般是考察既已存在的词汇的构成规则,具有静态特征。① 关于词的构成,《国语学研究辞典》指出:"词的构成包括两个方面的内容。其一是造词的问题;其二是词构造的问题。前者是在命名过程中产生新词时的造词论;后者则是指探讨既已存在的词语的词构造论。"

前者指的是"在命名中构成新词",属于造词论的问题。由于表示概念是单纯名词的主要功能,因此本书不做深入探讨。本书聚焦后者的"构成词的各要素的性质、结合类型等词构造论",探讨动名词的词构造。

通常,尽管在将日语中的单词进行分类时,依据的标准不同,结果自然各不相同,但就词构造的形态标准来说,大致有如下分类。

$$
\text{词(单词)} \begin{cases} \text{单纯词(独立词干)} \\ \text{合成词} \begin{cases} \text{派生词(词干＋接辞)} \\ \text{复合词(词干＋词干)} \\ \text{叠词(同一词的重复)} \end{cases} \end{cases}
$$

图 4.1　词构成的分类

动名词也大致可以分为单纯动名词与复合动名词。以下按照这个顺序,分别展开讨论。

第一节　单纯动名词

单纯词是指由一个自立词干构成,意义上再也不能细分的词语。例如,

「背」「赤い」「走る」「とても」「すてき」「ビル」等都是单纯词。单纯词中,日语的固有词汇——和语较多,但是汉语、外来语中同样存在单纯词。

1. 汉语动名词

从形态上来说,动名词可以分为一字汉语、二字汉语、三字汉语、四字汉语动名词。二字汉语动名词是前项汉字与后项汉字基于某种关系构成的复合词。三字汉语动名词大多由二字汉语与接辞复合构成。② 四字汉语大多是□□＋□□构造。

据《新明解国语辞典》(第四版)统计,常用的一字汉语大约300字左右,比二字汉语少得多。邱根成(1999)依据能否单独构成名词这一基准,将一字汉语分为两类。其中,不能单独构成名词,只能作动词的如下③:

按、慰、委、怨、演、介、画、掠、賀、帰、供、屈、敬、献、抗、治、失、臥、熱、準、乗、嘱、進、制、接、絶、総、存、託、徹、博、伏、達、脱、発、付

既能单独构成名词,又能构成动词的一字汉语如下:

愛、案、益、解、記、死、難、命、秘、蔵、題、熱、議、具、印、会、高、課、科、観、期、構、図、号、伍、座、資、辞、釈、称、賞、証、署、草、対、体、朝、長、毒、任、表、服、領、興、面、点、弁、要

本书研究对象动名词是名词的下位分支之一,因此不能单独构成名词的自然不属于本书的研究范围。同时,对于既能成为名词又能成为动词的一字汉语,邱(1999)指出这些一字汉语相比于二字汉语与「する」的结合度更高。例如「勉強する」很容易改换成「勉強をする」,而「愛する」则很难改为「＊愛をする」。④ 换言之,一字汉语作为一个词,由于与词尾「スル」的结合性非常高,因此总体上动词性很高,绝大多数都是与サ变动词的用法相同。以"愛"为例说明如下:

(1)先生は君子で愛すべき人だということや…

(2)「私の名はエマルといいます、また来ましょう。あなたは私の欲望、そして私のたった一つの愛です」女がささやいた。

例句(1)中的「愛」是动词,为"敬重、敬爱"之意;例句(2)中的「愛」是名词,为"爱情"之意。这表明「愛」在作为动名词使用的场合,接近于单纯名词,

表示的是动作性很低的概念。

(3)学生にして学窓への愛とほこりとを持たぬことは自ら軽んじるものである。もとより私といえども今日学生の社会的環境の何たる…イデアリストの青年にあっては、学への愛も恋への熱もともに熾烈でなくてはならぬ。この二つの熱情の相剋するところに学窓の恋の…

例句(3)中的「～への愛」句节在单纯名词的场合也可能出现。例如「母への手紙」「公園へのバス」等等。也就是说，一字汉语动名词由于其音节较少，通常都是与「スル」结合作为サ变动词使用，这种使用方式可以增强其作为一个词的结构稳定性。而作为名词使用时，一字汉语动名词动作性较低，显示了接近于单纯名词的性质。

2. 外来语动名词

如前所述，动名词涉及几乎所有的词类。有关各类动名词数量上的差异，山田(2012)指出汉语动名词占绝大多数，其次是和语动名词，数量最少的是外来语动名词。参考《类语大辞典》⑤的条目分布可见动词总数为8575条，其中汉语动词7101条、和语动词914条、外来语动词307条、混合语动词253条。可见，外来语动名词在数量上确实不多。也正因为这样，一直以来很少有先行研究将外来语动名词作为对象展开研究。

2.1 外来语的动词化

朱京伟(2005)分析了外来语的动词化，指出"在名词占绝大多数的外来语中，仍有少数可以和「する」结合实现动词化、和「な」结合实现形容动词化的外来词语"。

朱京伟指出，具有动词用法的外来语，其原本的语义即包含动词的用法，这些动词先是经过名词化，作为外来语引进到日语中，然后通过和「する」的结合再次实现动词化。另外就是原语中已经动词化的词语，引进到日语中后再与「する」结合实现动词化。

前者的例子有：start→スタート、touch→タッチ、get→ゲット、link→リンク、access→アクセス等等。⑥后者的例子有：clean→cleaning→クリーニン

グ、jump→jumping→ジャンピング等等。⑦

2.2 外来语动名词的构词

随着现代信息技术的发展,在日语中我们开始越来越频繁地接触到类似「アクセスする・ログインする・リンクする」等外来语动词。换言之,在日语中动词性用法的外来语数量在不断增加,现在的小型国语辞典一般都收录300条左右。朱京伟(2005)指出,其中经常使用的词语有100多个。⑧

从能与"する"结合的外来语动名词的词形来看,虽然不乏诸如「イメージアップ」式的"外来语+外来语"形式的复合词以及「ドル払い」式的"外来语+和语"形式的混合语⑨,但从《类语大辞典》的词条分布来看,在307个外来语动名词中,单一型(单纯词)动名词为229个,因此可以说外来语动名词几乎都是单纯词。以下所列常用的外来语动词都是不可分割的单纯词。

> アルバイトする、イメージする、カーブする、クリーニングする、
> ゲームする、コピーする、サービスする、サインする、
> ジョギングする、スタートする、ストップする、スピーチする、
> ダンスする、テストする、ドライブする、プリントする、
> マークする、メモする、ランニングする、リードする、
> リポートする

3. 和语动名词——动词连用形

这里所谓的和语动名词是指由动词连用形的名词化而产生的词类。田川(2008)整理了动词连用形出现的若干典型环境,在此基础上指出动词连用形的名词化具有6种不同的形态⑩。其中有类似「泳ぎ、争い、眠り、へこみ、詰まり、つまみ、すり」一样,连用形直接作为名词使用的种类。由于这些连用形名词(转用名词)都是独立词(自立语),因此本书称之为"单纯和语动名词"。

显然,并非所有的日语动词都能通过连用形转化为名词。关于动词连用形名词化的统一允许基准或者是允许度问题,泽西(2003)调查了《日语教育的基本词汇调查》⑪中的动词,指出在1138个词中有431个,约占38%的动词连用形可以转化为名词。这一数据显示动词转化为名词相对容易。例如:

問い ←→ 質問　争い ←→ 紛争　訴え ←→ 要求　頼み ←→ 依頼
務め ←→ 勤務　誤り ←→ 失敗　真似 ←→ 模倣　願い ←→ 願望
親しみ ←→ 好意　憎しみ ←→ 憎悪　知らせ ←→ 通知　付き合い ←→ 交際
泊まり ←→ 宿泊　間違い ←→ 失敗　見込み ←→ 予想　うぬぼれ ←→ 自慢

实际上，在现实语言生活中可以说尽管存在着上述对应的汉语词，还是有很多使用着连用形转化而来的名词。这些转化名词也在日语中呈现出多种不同的形态。

(4) 兄さんも、改心したんだ。本当だ。改心したんだ、改心したんだ。最後の願いだ。一生の願いだ。二百円あれば、たすかるんだ。

(5) 美術館に行ったが、休みだった。

(6) 明日は初滑りだ。もっとも、雪があればの話だが。

如上述例句所示，既有「願い」「休み」等直接由动词转化而来作为自立词使用的名词，又有类似「初滑り」这样"接辞+连用形"模式的复合词。关于连用形，《日本语语法大辞典》⑫定义其为"活用形之一，主要发挥不中顿地接动词连用形功能的形态"。也就是说，动词连用形的基本职能是接在其他用言之后构成复合动词形式。但是，除了上述「願い」「休み」之外，还有以下划线部分也是作为独立词的用例。「行きは電車で、帰りはバスだ。」「彼はいい走りをしている。」「あの人は読みが深い。」「この曲は乗りがいい。」这些也都是现代日语中较多使用的词汇之一。

第二节　合成动名词

所谓合成词是指一个自立成分与其他成分（自立或者非自立）的结合而形成的词语。合成词中根据各构成要素结合方式的不同可以进一步分为复合词、派生词和叠词三类。

1. 复合词

复合词是合成词之一，是由两个（或以上）词干按照一定的构词规则组合而成的。复合词的词干主要分为汉语、和语、外来语三种。其构成词干基于

各种不同的关系形成复合词。以下按照词干的分类来探讨复合动名词的构词。

所谓混合词是指由不同性质的词干混合而构成的词语。这些不同的词干通常分为和语、汉语、外来语三种。这三种要素中的任意两种或两种以上组合而成的词即是复合词。不局限于"词干＋词干"形式，由"接头词＋词干"（如「大掃除」），或者"词干＋结尾词"（如「抽象化」）等构成的派生词也属于复合词的范畴。

1.1 汉语复合词

关于现代日语，1956 年国立国语研究所以 90 种现代杂志为对象进行了调查，按照不同的语种类别，不同词例的比例为和语 36.7％、汉语 47.5％、外来语 9.8％、混合语 6.0％。可见汉语词汇在现代日语中占据了近半数的比重。不仅如此，较之于和语词以及外来语词，汉语词具有复合度高、复合形式自由的特点，拥有很强的构词能力。基于这种构词能力，汉语词很多场合表现为二字汉语、三字汉语或四字汉语等形态。

1.1.1 二字汉语

国立国语研究所进行的"中学教科书词汇调查"（1987）显示，在使用频率较高的词汇序列中，汉语共计 403 条。具体分布如下：

  一字汉语：24（6.0％）

  二字汉语：327（81.1％）

  三字汉语：36（8.9％）

  四字汉语：13（2.2％）

  五字汉语：3（0.7％）

虽然上述统计的范围较为狭窄，但统计结果无疑显示了在现代日语的汉语词汇中，二字汉语占绝大多数。因此，二字汉语动名词在数量上自然也是汉语动名词中最多的种类。

有关二字汉语动名词的构词，小林（2004）在其专著《现代日语汉语动名词研究》[13]中，以汉语动名词为对象，从词汇语法的角度分析了汉语动名词的构词模式。该书的第二章以二字汉语动名词为对象，将二字汉语动名词分为

以下 4 个类型。

　　V－N 类型（例如「読書、投票」，前半部为动词，后半部为名词）
　　V－V 类型（例如「使用、溺死」，前后部分都是由动词构成）
　　ADJ－V 类型（例如「急死、密売」，前半部分为副词性，后半部分为动词性）
　　构成要素无法抽取的类型

　　在此基础上，对于 V－N 类型，小林(2004)讨论了以下两点：(1)和动名词内部的名词性要素相关联的项（构造）是否存在；(2)如果存在，这种项与动名词内部的名词性要素处于何种关系。同时，对于 V－V 类型，小林(2004)探讨了该类型的偏正结构，指出该类型未必就是"右侧为主要部分"，认为其内部结构存在三种可能性：两侧都是主要部分（委託、学習、祈願）；右侧为主要部分（殴殺、急行、飼育）；左侧为主要部分（教育、購読、採用）。另外对于 V－V 类型内部各构成要素的时间上的相互关系以及意义上的相互关系也进行了深入探讨。另一方面，日向敏彦(1985)以二字汉语サ变动词的结合关系为视角，将汉语サ变动词的构成分为以下类型。

　　并立关系 ｛ 不同意义汉字的结合——屈伸、開閉、出没、売買
　　　　　　　　 相同意义汉字的结合——稼動、添加、繁茂、崇拝
　　修饰关系——安眠、密閉、激怒、再建、静座、大破、直送、軽視
　　客体关系——抜歯、加熱、失望、注水、送金、乗船、帰国、赴任
　　实质关系——強化、鈍化、酸化、退化

　　以上两位学者分别基于不同的视角研究了二字汉语动名词的构造，提出了大致相同的构造类型。本书综合以上成果，规定二字汉语名词的构造类型如下：

　　并立构造（前后汉字词性相同，意义上处于并列或对立关系）
　　修饰构造（前项修饰后项，主要部分位于右侧）[14]
　　客体构造（前后汉字处于客体关系）
　　补助构造（后项规定前项量或度的关系）

　　野村雅昭(1977)详细分析了二字汉语的结合类型，并对其进行了分类整理。在将二字汉语结构分类为补助、修饰、并立等 9 种类型的基础上，依据各

类型词的数量,排列了前10位。笔者从中抽出属于动名词的结合关系,归纳如表4.1所示。从表中数据我们大致可以了解二字汉语动名词中各构造类型所占的比例。

表4.1 二字汉语动名词的构成比例

结合关系	词干构式	比率	词例
并立	V+V	10.9	増加、思考
客体	V+N	8.6	登山、読書
修饰	A+V	4.2	新任、静観
补助	N+V	2.9	前進、敵視

1.1.2 三字汉语

三字汉语动名词由二字汉语动名词与接辞结合构成。具体类型可以是"接辞＋二字汉语"和"二字汉语＋接辞"两种。关于接辞,小林(2004)对于接头词「再」以及结尾词「化」进行了细致的讨论。

首先,关于「再」,小林(2004)指出「再」通常接在二字汉语动名词之前,表示"再一次进行某动作"之意。按照「再」后续的动名词类型,详细分析了表达先行事象的句子与表达后行事象的句子中的项(的指示对象)的共通性,在将两者关系普及化的基础上指出「再」的意义功能在于"表达后行事象的句子可以共有表达先行事象的句子的内项,如果没有ヲ格标示的内项,则外项也可以共有。"另外,「再」属于构词性很高的接头词,一字汉语、二字汉语甚至是三字汉语都能与「再」复合。⑮其中,尤以二字汉语的结合最多。

其次,关于「化」,小林(2004)指出基于「化」的派生是"非主要部所表示的概念作为AT的目的语位置中代入定项的操作"。同时论述了在非主要部是用言性词干的场合「VNする」与「VN化する」的区别;自他两用的汉语动名词如何决定自动词与他动词等,指出「本格化、多様化、活発化」等基本上是自动词性用法,而「実用化」等则属于他动词性用法。并且指出,「化」可以将名词性要素转变成「～(の状態)になる」或「～(の状態)にする」式的サ变动词词干。例如,「近代化」即是表示「近代の状態になる・する」的意思。

实际上,类似这种有接辞与动名词复合构成的三字动名词还有其他若干形式。例如,通过与「未」「中」「後」等接辞与动名词的复合,可以使动名词句

获得与动词句一样的时态特征；与「不」「無」「非」「未」等接辞复合，可以赋予动名词句否定的意义。⑯

1.1.3 四字汉语

野村(1973)以新闻词汇调查所得的3537个四字汉语（非重复统计）为对象进行了分类研究。野村认为，四字汉语的构造模式可以分为以下五种："2＋2"(91.2％)、"3＋1"(5.9％)、"1＋3"(2.6％)、"1＋1＋2"(0.3％)、"1＋1＋1"(0.1％)。其中，"2＋2"模式占有绝大多数。

影山(1993)在详细分析整理复合词内部构造的基础上，聚焦动作性复合动名词，从项关系(argument relation)的视角，对含有动作性的复合词进行了以下分类。

目的语关系：
家庭訪問、意思表示、家宅捜査、取材制限、気分転換、記憶喪失、予算編成、果実栽培、交通整理、物価統制、規制緩和、技術開発、家電販売、自己批判、健康診察、武力行使、憲法違反、内政干渉、書類選考

自动词补语关系：
記者会見、国連加盟、国債依存

非对格自动词主谓关系：
意気投合、意気消沈

修饰语关系：
街頭演説、特別参加、一時契約、新規開店、拡大解釈、完全実施、店頭販売、鉄道輸送、強行採決、全面改正、観光旅行、事後承諾、頭脳労働、海外公演、早朝出勤、徐行運転、継続審議、定期購読、指名手配、正式決定、過大評価、電話連絡、空中分解、大量生産、不良乗車、原価計算、無銭飲食、孤軍奮闘、工場生産、自己増殖、自動開閉、徹底究明、不法放棄、一律禁止

另外，小林(2004)从形态学的视角出发，将四字汉语动名词的构造分为"1＋3"型（「再活性化」）、"3＋1"型（「大規模化、最有力視」）、"2＋2"型（「通勤通学」）。其中，对于"2＋2"型（「法律改正、対面販売、相互訪問」），在指出此

类结构在数量上占有压倒性多数的基础上,以此为对象分析了这类构造的下位分类,探讨了对于下位分类无法覆盖的词例的项构造问题。⑰

朱京伟(2005)指出现代日语的四字汉语是由二字汉语相对自由的复合形成的,从结合度以及稳定度来看,包含各种各样的阶段与形式,很多词语也没有收录到辞典之中,因此很难把握四字汉语的整体特性。但是,本书结合上述先行研究,从关系与形态两个方面出发,归纳四字汉语动名词的构造如图4.2所示。

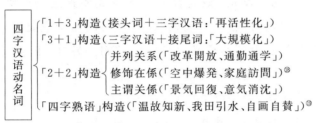

图4.2 四字汉语动名词的构词图式

1.2 和语复合词

和语构成日语词汇的基底,是构成日语中心部分的重要词类,是日本人日常生活中使用频度最高、使用范围最广的词类,它构成了日语词汇的基干,因此在讨论构词时,我们不能无视和语的存在。

也许是经由句法论的构造引出的缘故,复合词的构造至少与句法论的构造具有平行性,同时,复合词的各构成成分之间的关系也基本上与句法论中各句子成分之间的关系相类似。另外,正如玉村文郎(2002)指出,一个词的词性通常是由该词的最终成分(如果是结尾词,则是该结尾词的词性)的词性决定的。在合成词中占有最高比例的是句法构造的复合词,特别是位于最终位置(词尾)的成分的词性往往就是该复合词的词性。也就是说,复合词的词性原则上是由词尾成分的词性决定的,词尾是名词则整体就是名词,是动词则整体是动词。

以下,在复合词中与动名词有关的构成形式中,按照「名詞+其他词性」(「名詞+名詞」「名詞+動詞」)、「動詞+其他词性」(「動詞+名詞」「動詞+動詞」)、「形容詞+其他词性」(形容詞+動詞)、「形容動詞+其他词性」(形容動詞+動詞)、「副詞+其他词性」(副詞+動詞)的顺序逐一进行说明。

"名词＋其他词性"的场合

A. 名词＋名词

闇取引、でこぼこ

B. 名词＋动词（连用形）

玉村（2002）着眼于"名词＋动词"的句法构造，将这一构造细分为主格、对格、具格、归着格、场所格、夺格、原因（理由）格、基准格、方向格等，深入考察了"名词＋动词"型复合词中各构成要素之间的潜在格关系。这种基于句法视角对"名词＋动词"式复合名词的构成要素内部关系的考察同样对此类复合词的意义解释产生影响。另外，玉村（2002）对"名词＋动词"式复合名词的分类如下。

主格（NがVする）　値上がり、値下がり

対格（NをVする）　月見、子守り、家出、山越え、綱渡り、こま回し、凧揚げ、値上げ

移動格（NをVする）　家出、門出、山越え、谷渡り、島めぐり

具格（NでVする）　釘付け、鉄板焼き、砂遊び、水攻め

帰着格（NにVする）　里帰り、人任せ、墓参り

場所格（Nで・にVする）　沖釣り、磯釣り

奪格（NからVする）　仲間はずれ、天下り、山出し、棚卸し

原因・理由格（NからVする）　船酔い、雨宿り

共同格（NとVする）　人づきあい、人交わり、近所づきあい

引用格（NとVする）　勝ち名乗り、仇呼ばわり

基準格（Nに・よりVする）　男勝り、名前負け、漆負け、心おとり

方向格（Nへ・にVする）　東京行き、横流し、右まわり

到達格（NまでVする）　下刈り、宅扱い、底冷え

資格格（NとしてVする）　客扱い、子供扱い

時格（NにVする）　夜遊び、昼寝、朝起き、朝帰り

（7）早い話が今いる家の人たちはみんな大旦那さんのおかげを蒙って贅沢して大きな家に住んでいるのに、大旦那さんが年を取って正体がなくなってしまったら、とたんに邪魔もの扱いなんですからね。

如上述例句所示"名词＋动词"型复合词的最终成分是动词性成分,是动词连用形。在这种场合下,整体词性主要是复合名词。有关复合名词的这一特性,《日本语教育辞典》⑳指出"复合词,特别是复合名词,具有极高的生产性,与时俱进很多新词也不断产生,因此其数量也最多"。但是,如下所示,连用形也可以通过活用,从而发挥着动词性(动名词)作用。

川流れ、山越え、値上がり、手出し、首切り、日まわり、半煮え、川沿い、上滑り、こぶつき、子持ち、肩こり、物知り、夜明け、花曇り、筆立て、日暮れ

另一方面,这类复合词中可以作为动词使用的部分本来就是复合动词转化为名词(居体言或转成名词),其前项往往是另外的动词作为修饰语。在前项不是动词而是其他成分的场合,则该词往往是很早就已存在的动词。另外,就前项与后项意义上的关系而言,如果前后两项属于对比或并列关系,则该词原则上不能作为动词使用。在这种场合,前项动词与后项动词分别都是转成名词,后期通过结合而构成新词,因此前后两项之间多数属于并列构造。

作为动词使用的词例:

とり違え・る、染め分け・る、掘り下げ・る、出回り・る、差し入れ・る、照り返し・す、こがれ死に・ぬ、生き残り・る、差し引き・く、勝ち抜き・く、跳ね上がり・る、乗り越し・す、天下り・る、よみがえり・る、垣間見・る、ほほえみ・む、したたり・る、こころざし・す、みのり・る

不作为动词使用的词例:

読み書き、切りじに、やりとり、上り下り、上げ下げ、考え違い、よりごのみ、立ち泳ぎ、洗い張り

"动词＋其他词性"的场合

A. 动词＋名词㉑

買い物、駆け足

B. 动词＋动词

食べぞめ、駆け走り、はたき出し、すくい投げ、あびせ倒し、病み上がり、渡りぞめ、植えこみ、立ち上がり、売り上げ、売り出し、立ち遅れ、

割り引き、詰め合わせ、申し込み、受け付け、立ち枯れ、釣り合い、成りゆき、住み込み、生き残り、立ち入り、立ちまわり、建て売り[22]

"形容词＋其他词性(动词)"的场合

高飛び、若死に、深入り、薄着、早寝、早起き、嬉し泣き、悔し泣き、遠回り、長持ち、長生き、早じまい、遅出、長わずらい、深追い、近回り、遠巻き

"形容动词＋其他词性(动词)"的场合

にわか仕込み、馬鹿騒ぎ、無茶食い、急ごしらえ、無理押し

"副词＋其他词性(动词)"的场合

又聞き、また貸し、にたにた笑い、ぴょんぴょん跳び、なおなお書き、追って書き、ちょっと見、ぽっと出、よちよち歩き、きりきり舞い、ぐるぐる巻き

以上关于和语复合词，在对构词要素的词性进行分类的基础上，梳理探讨了每一种构成模式的具体样态。由以上分析可知，就整体而言基于词性区分的构词分布有着较强的选择限制。[23]具体如表4.2所示，在构词中较为积极的要素是名词、动词以及形容词，而形容动词、副词等则是相对边缘性的要素。

表4.2 和语复合词的构成模式及构成率

前接＼后接	名词	动词	形容词	形容动词	副词
名词	◎	◎	○	△	×
动词	◎	◎	○	△	×
形容词	◎	◎	○	×	×
形容动词	○	○	△	△	×
副词	△	△	△	×	△

注：表中各标示的构成率为◎＞○＞△＞×。◎表示构成率高的模式；○表示构成率不太高的模式；△表示构成率较低的模式；×表示几乎不能构词的模式。

1.3 外来语复合词

外来语除了单独使用之外，还可以和其他词复合构成复合词。外来语可以与和语或者汉语或另一外来语复合，构成新的外来语复合词。由此方式构成的词通常称为和制外来语（也称和制英语）。

另一方面,正如山田进(2012)指出,与「スル」结合,所谓的「スル動詞」式的外来语,形态上和「ゲット」一样,往往都由单一形态素构成。换言之,也就是外来语复合词在日语中为数并不多。笔者收集了一些外来语复合词语料,考察了这些复合词的前项与后项之间的关系,分析其构成模式如下表所示。

表 4.3　复合外来语动名词的构成模式

复合类型	意义	实例
主体关系	A 是 B 所表示动作的主体	イメージアップ[24]
对象关系	A 是 B 所表示的动作的宾语	テレビ修理
工具、手段关系	A 是 B 所表示的动作的方式或手段	トラック輸送、ペン習字
修饰关系	AB 之间属于修饰关系	アフターサービス
补助关系	AB 之间属于补助关系	ログイン

由于语料有限,以上构成模式的分类只能是象征性地表现了现代日语外来语动名词的总体构成模式。有关外来语的意义研究一直以来没有得到足够的关注,目前也并没有从词性角度聚焦外来语动词并对之进行详细研究的先行成果。

2. 派生词

派生词是指由词干和接辞组合而构成的词类。日语的接辞按照其在词中的不同位置可以分为接头词和结尾词。各种接头词与结尾词都是借由和词干(本节中的词干不特别区分语种)的组合来构成派生词。在此我们仅讨论和动名词有关的接头词与结尾词。

2.1 基于接头词而产生的派生词

顾名思义,接头词是指接在词干前构成派生词的接辞。接头词的基本作用在于赋予该词以补助性的意义。一般没有决定该词词性的功能。[25]日语的接头词按照其意义以及词性等基准,可以大致分类如下。[26]

A. 形容词性接头词

おお：大騒ぎ、大けが、大慌て、大掃除、大受け、大いばり

だい：大成功、大失敗、大歓迎、大混乱、大賛成、大満足、大歓迎、大評判、大恐慌、大合唱、大放出

乱：乱高下、乱反射、乱積み

(8) これだけ寄付すればもう大いばりだ。

(9) A教授の講演は学生に大受けだった。

(10) 僕は寺なんかがよく保存されることは大賛成だが，…

B. 待遇性接头词

お：おでかけ、お返事、お電話、お祝い、お願い、お入り

ご：ご案内、ご注文、ご挨拶、ご説明、ご報告、ご安心

C. 否定接头词

不：不賛成、不活発、不熱心、不了解、不参加、不注意

非：非公開、非協力、非課税

　む
無：無理解、無担保、無制限、無催促

未：未開発、未処理、未解決、未発見、未発達、未利用、未払い

D. 动作性汉语接头词

要：要注意、要警戒、要注目、要登録、要学習、要支払い、要調べ、要テスト、要プリント、要チェック 等等

再：「再」是生产性极高的接头词，可以接在一字汉语、二字汉语甚至是三字汉语后构成动作性名词。其中尤以二字汉语的结合最多。以下列举其中的一部分。

再開発、再下付、再確認、再帰化、再起訴、再議決、再許可、再教育、再吟味、再軍備、再契約、再結合、再結晶、再検査、再建築、再現像、再検討、再研究、再構成、再合成、再交付、再拘留、再抗告、再抗弁、再雇用、再自乗、再試験、再出発、再上映、再尋問、再生芽、再生産、再選挙、再送信、再組織、再逮捕、再注文、再調査、再突入、再入国、再認識、再配置、再発見、再発行、再評価、再武装、再分割、再分類、再編成、再発足、再輸出、再輸入、再履修、再利用、再割引

此外，修饰性的汉语接头词与二字汉语结合也同样能构成三字汉语动名词，举例如下。

初出勤、直輸入、密入国、急降下、小休止、仮決定、総動員、新発売、厚化粧、逆輸入、誤動作、試運転、軟着陸、追起訴、最優先、猛反対、微調整

2.2 基于结尾词而产生的派生词

顾名思义,结尾词是指接在词干后面构成派生词的接辞。日语的结尾词包含两个基本功能,其一是和接头词一样为词语添加辅助性的意义;其二是表示某种词形形态从而决定该词的词性。现代日语中存在诸多结尾词[20],以下仅就与动名词有关的部分进行分析整理。

化[21]:液状化、海水淡水化、活性化、可溶化、溶解化、為替自由化、機械化、戯画化、規格化、器質化、強化、教化、近代化、金融自由化、浄化、電化、近代化、機械化、合理化、オートメ化、無人化、鈍化、弱化、酸化、規格化、少子化

視:危険視、白眼視、重要視、同一視、異端視、度外視、人物視、小説視、有害視、英雄視、問題視、有力視、敵対視、敬遠視

死:過労死、事故死、窒息死、中毒死、転落死、暴行死、大量死

済み:了解済み、実験済み、打ち合わせ済み、チェック済み

切れ:売り切れ、尻切れ

考察所有的在日语结尾词,我们发现「中」的生产性最高。在动名词的场合同样如此,不仅构词功能强,而且词例丰富。列举其中的一部分如下。[22]

営業中、運転中、授業中、運動中、研究中、移動中、案内中、依頼中、改革中、解説中、拡大中、観察中、議論中、訓練中、警戒中、継続中、減少中、攻撃中更新中、進行中、作成中、実現中、実施中、支配中、上演中、使用中、準備中推進中、製作中、生産中、製造中、整理中、接近中、接触中、説明中、前進中、宣伝中、入院中、送電中、増加中、組織中、対立中、担当中、捜査中、追及中通過中、通行中、展開中、転換中、接続中、電話中、組立中、派遣中、発生中発展中、反対中、普及中、分裂中、保護中、保存中、模索中、輸入中、輸出中要求中、要請中、要望中、留学中、利用中、連絡中、朗読中、論議中、操作中開会中、帰宅中、故障中、妊娠中、在学中、更新中、発酵中、優勝中、化粧中、お仕事中、受付中、貸出中、受入中、売出し中、品切れ中、アタック中、オンエア中、コーナリング中、ゴルフ中、レース中、ジョギング中、ドライブ中、パトロール中、ミーティング中、ランニング中、リハビリ中

3. 叠词

　　基于构词成分的重复而构成的新词称为叠词。在叠词中，名词构成的叠词表示多数性（山々），动词构成的叠词表示动作的继续或反复（泣く泣く）或者是动作的结束或过去，而形容词或副词构成的叠词则是表示比较级，这是叠词构成的一般性倾向。通过上述特点，我们可以推定叠词具有一定程度上的副词性，换言之，叠词的构成在一定程度上加强了其副词性，这可以说是叠词共有的属性特征。

　　一般而言，叠词的构成模式有：A.「名詞＋名詞」（「家々、所々」等）、B.「動詞＋動詞」（「笑い笑い、泣き泣き」等）、C.「形容詞＋形容詞」（「うすうす、ひろびろ」等）、D.「副詞＋副詞」（「いつもいつも、どうもどうも」等）、E.「感動詞＋感動詞」（「あらあら、これこれ」等）、F.「連語＋連語」（「知らず知らず、あとからあとから」等）六种形式。其中与本书研究对象有关的只有"动词＋动词"模式。以下进一步分析"动词＋动词"模式。

　　在现代日语中，即便"动词＋动词"模式也可以有诸如"动词本身的重复"（如「見る見る、泣く泣く」等）以及"动词连用形的重复"（如「あえぎあえぎ、笑い笑い」等）两种可能的形式。基于"动词本身的重复"而构成的叠词不管是形态还是语用方面都具有极强的副词性③，而且在现代日语中其生产性也不高，因此本书不再以此作为研究对象，重点关注基于"动词连用形的重复"而构成的叠词。

　　(11) 奥から、あのひとのお父さんなのか、六十近い老人が煙管を<u>吹き吹き</u>出て来る。

　　(12) 栄二は撞木杖を<u>突き突き</u>あるいていって、杭のまわりに落ちている薪を拾い上げた。

　　在这些例句中，动词连用形的重复都表示后续动词的附随性状况，如例句(11)的「吹き吹き」是「出てくる」的伴随状况；例句(12)的「突き突き」是「歩く」的伴随状况。在这种场合，连用形的重复可以看作是置于后续动词的单句内要素。

　　(13) そのとき、そののどから、鴉が鳴くような声が、<u>あえぎあえぎ</u>、下人の耳に伝わってきた。

这一例句中的连用形叠词功能上相当于样态副词,是不能与「あえいで」互换使用的连用形独特的用法之一。通过对「あえぐ」的连用形「あえぎ」的重叠使用直观形象地向读者展现了当时在场的老太婆的模样及声调,从而增强了作品的临场感与视觉张力。㉛

(14)彼は涙を<u>こぼしこぼし</u>、畳の上をはねていた。

(15)と云いつつあたりの夕暮れの景色を娯しそうに<u>眺め眺め</u>、矢代と並んで食事場の方へ歩いていった。

在这些例句中,连用形的重复与后续动词分别属于从属节与主节,表示附随状况的从属节充当了主节的情态修饰成分。也就是说,连用形的重复可以视为复句的构成要素。并且,这些例句中的连用形的重复都符合桥本进吉(1959)所指出的"对前半句承接有格助词的句节发挥着动词的功能,对后半句则又发挥着连用修饰功能"。

如上所述,基于连用形重复而构成的叠词发挥着"单句内要素""样态性副词"以及"复句的构成要素"等三个功能。其中,作为"复句的构成要素"的连用形重复虽然从形态上来说并不是动词,但从格赋予这一点上来看似乎可以认为其与动名词有着相似的一面。

第三节 动名词句

由于语料库语言学近年来获得了长足的发展,在辞书学(Lexicology)基础上的意义研究中,连语关系(Collocation),即两个以上单词的惯用性连用逐渐成为了研究的对象。本来关于单词认定,西尾(1988)指出应该基于表记、意义、形态或音声、职能等四个标准来界定。虽然西尾(1998)详细地讨论了每一种标准的妥当性,但在学界仍然难以称之为绝对性学说。

在复合词中,有一些词虽然形态上属于复合词,但本质上属于短语,是临时性创造出来的与短语的构成非常相似的词组。其意义也与短语基本等价,绝大部分场合都能与短语互换使用。为了探究这种所谓的"临时性的复合词"㉜到底在何种场合下形成,或者是在何种场合下不能形成,不能单纯着眼于词的构成,而应该从短语、句子甚至是篇章的构成等更广泛的领域进行探

讨。并且,就动名词而言,这种临时性复合词数量众多。影山(2006)指出"这种表现,与通常意义上的词语不同,值得关注的是其类似于短语性的语调"。因此,对于这种临时性动名词复合词以下简称"动名词短语"。

1. 外项＋VN

我们首先探讨什么是"外项"。影山(1993)指出谓语所对应的名词句通常由项构造来体现,而在项构造中出现的动作发出者以及对象等各项并不是对等排列在一起的,而是显示出某种阶层性关系。项构造的内部用( )和〈 〉加以区分,〈 〉内所表示的项称为内项(internal argument),其外侧表示的项则是外项(external argument)。

政府・自民党合作の法案、朝日新聞共催の公開シンポジウム、4大国共同管理の地域、民間・自衛隊共用の空港、公益法人経営の病院、社会党公認の立候補者、長官指示の特別説明会、共産党推薦の立候補者、教授指定の口座、大統領主宰の閣議、民主党主張の減税案、省庁主導の改革、厚生省所管の特殊法人、政府推薦の業者、米軍占有の土地、総務庁担当の業務、宮殿直営の土産店、朝日新聞社調査の内閣支持率、建設省直轄の土木建設工事、モロッコ政府提供の特別機、知事承認の公益法人、気象庁発表の予報、政府保有のNTT株、野党要求の大型減税

小林(2004)从新闻记事中收集了众多的上述词例。对于这种"外项＋谓语(VN)"模式的动名词短语,小林(2004)从形态论的视角探讨了充当外项的名词是否可以有形容词等修饰语以及VN部分是否可以删除等问题,从而验证了这类短语是否可以具备成为"词"的资格。研究结果表明,不能仅仅借由"外项＋VN"来判断,而应该对每一个词进行具体分析,判断其是否具有成为"词"的资格,并且指出这类短语有的虽具有"词"的属性但另一部分则不能称为"词"。

另一方面,影山(2006)认为叙述类型(主要是事象叙述和属性叙述)的区别同样能渗透到语言的构造之中。基于这种理论假设,影山(2006)指出事象叙述和属性叙述的差异[③]对于复合词这一构词领域同样适用。影山(2006)进一步将"外项＋VN"模式划分为以下四种类型。

A型:朝日新聞社主催の公開シンポジウム、政府・自民党合作の法案、総務庁担当の業務、厚生省所管の特殊法人、安藤忠雄氏設計のホ

テル、プロカメラマン撮影のポートレート、市民主導のプロジェクト、建設省直轄の工事、自民党公認の立候補者、高田三郎作曲の合唱曲「水のいのち」、木村拓哉主演のドラマ、仁田教授編集の語法事典

　　B型：長官指示の特別説明会、フェラガモ経営のホテル、小林秀雄執筆のコラム、ワルター指揮の交響楽団、国木田独歩探訪の地、女性運転士運転の新幹線、ベテランパイロット操縦のセスナ機、豊臣秀吉築城の桃山城、アメリカ軍放出の中古家具、広島市払い下げの路面電車、リイド社発売のコミックス『ゴルゴ13』、犯人指定の口座、福上忍顕氏栽培のサクランボ、農林大臣賞を受賞した福島県金沢浩氏育成の話題品種、中田選手出場のサッカー試合

　　C型：気象庁発表の火山情報、藤村氏発掘の上高森遺跡、関勉氏発見の新小惑星、民主党議員提出の質問書、武豊騎乗のハルウララ、ウォルト・ディズニー創設の芸術大学、元プロ野球選手設立の会社、山形県警逮捕の振込め詐欺団

　　D型：立川市民待望の立川駅ビル建設、音楽ファン熱望の特別公演、海上自衛隊自慢の潜水艦、若者あこがれのブランド、職人さん入魂の美しいお菓子、イチロー会心の本塁打、マニア垂涎のお宝グッズ、当店おすすめのワイン、女性必見のお買い物情報、法科大学院生必読の判例ガイド、ビジネスマン必携の辞書、大学図書館必備の基本図書、鉄道ファンおまちかねの総合鉄道サイト

　　并且在此基础上影山(2006)进一步考察了上述四种类型的动名词短语的复合词资格，主张如表4.4所示，四种类型中三种具备复合词的资格。

表4.4　复合词的类型与叙述类型

类型 属性	叙述类型	XはYだ	作为复合词的资格
A型「新聞社主催の」	属性	○	○
B型「シェフ経営の」	属性	×	○
C型「気象庁発表の」	事象	×	○
D型「ファン待望の」	事象	×	×

　　由表4.4可知，影山(2006)认为A型的「新聞社主催の」模式不但拥有

复合词的资格，而且同样适用于「XはYだ」句型。例如：

(16) そのシンポジウムは朝日新聞社主催だ。
このポスターは横尾忠則氏製作だ。
その候補者は自民党公認です。
このホテルは安藤忠雄氏設計だ。
このテレビドラマは木村拓哉主演だ。

划线部分的「朝日新聞社主催」等，影山（2006）认为具备复合词的资格，可以认定为复合词。但是，从构词的结合度以及稳定度上来看，这些（A型、B型、C型）中的任意一个都属于临时性结合，因而固定度较低。同时，从意义上来看，这些动名词短语分别具有「朝日新聞社が主催する」「横尾忠則氏が製作する」等意义。因此可以看作基于"主语＋谓语"的主谓句式压缩而成的复合词，所以我们认为比起正常的词语，这些词语的凝集性较低也是理所当然。

2. 内项＋VN

如上所述，内项（internal argument）是项构造中用⟨ ⟩表示的项。从距离谓语动词的距离来说，内项处于接近谓语的位置，而外项则是处于远离谓语动词的位置。由于句法构造可以基于项构造的投射作用而获得，因此可以说内项在句法构造中对应于目的语位置上的名词句。

在由动词和目的语组合而成的复合词中，"名词＋动词"式的复合词占绝大多数。但是，其中类似「家庭訪問、予算編成」式所谓的"词汇性复合词"已经在前文第二节的"四字汉语"中讨论过，因此本节仅就"句法式内项复合词"展开讨论。

(17) a. 新空港を建設の際には、多角的な予備調査が必要だ。
→「新空港：建設」の際には、多角的な予備調査が必要だ。
b. 新空港の建設には様々な反対意見があった。
→「新空港：建設」には様々な反対意見があった。

一般而言，类似「家庭訪問」的凝集性较高的复合词不但发音上能够一口气发音，而且通常都伴有重音。但与此相对，类似例句(17)中的复合短语「新空港建設」的结合形式不同（a属于副词节中的目的语与谓语的结合；b属于

名词句中的「の」脱落而形成的结合),作为短语时的「新空港建設」发音时都必须在标注停顿符「:」的位置上稍许停顿,而且整体上不能以一个重音读完,因此更多地表现为一种符合短语的性质。

  (18) 会議にはネクタイ着用のこと。
  (19) 外国製品購入の際は、アフターケアに注意しなければならない。

  与「新空港建設」一样,「ネクタイ着用」和「外国製品購入」都属于目的语内项复合短语。这种临时性创造的内项复合短语,能否作为"词"固然另当别论,但正如以上用例显示的一样,在现代日语的语言生活中,作为一种信息传递载量较高的手法,这种复合短语在日语中使用频率很高。从这个意义上来说,目的语内项复合短语在日语中可谓是不能忽略的一个词汇研究领域。

3. 附加词 + VN

  日语的"修饰"通常可以区分为连体修饰和连用修饰。动名词(VN)的修饰语由于动名词本身的双重性(兼有名词性与动词性)因而既有类似「大騒ぎ→大きな騒ぎ」式的连体修饰模式,又有类似「脇見運転→脇見しながら、運転する」式的连用修饰模式。

  当然,目的语节也属于连用修饰节,影山(1993)将不是目的语的修饰词称为"附加词",因此,连用修饰语可以分为目的语和附加词。并且,影山(1993)将含有附加词要素的词构造称为"附加构造"。例如,在「まる洗い」一词中,「まる」不是词干「洗い」的目的语,而是其修饰语。有关"附加词+VN"构造,依据附加词与 VN 之间的相互关系,可以分类如下:

  A.「に格」修饰:
  (20) 首相は「北京滞在」中に風邪を引いた。
  (21) 首相、「米国到着」(新聞などの見出し)
  B.「から格」修饰:
  (22) 飛行機が「成田空港離陸」の際
  (23) A 氏が「民主党脱党」の際
  C.「を格」修饰:[38]
  (24) 教授が「北海道旅行」中に、事故が起った。

(25)堀江氏のヨットは、「かのマゼラン海峡通過」の際、事故を起こした。

D.「で格」修饰：

(26)18日午前7時45分頃、栃木県鹿沼市樅山（もみやま）町の国道293号で、「集団登校」中だった同市立北押原（きたおしはら）小学校の児童20～30の列に、12トンの大型クレーン車が突っ込んだ。

E.「へ格」修饰：

(27)頭脳の「海外流出」を食い止める。

(28)危険物の「機内持ち込み」を禁止する。

以上是对"附加词＋VN"构造模式的大致归纳。尽管看起来是非常稀有的构词，但实际上诸如「水洗い」「独り歩き」「海外公演」之类的"附加词＋VN"构造模式的词语在现代日语中频繁使用的例子也为数不少。

本章小结

本章主要围绕动名词的构词展开讨论。按照汉语、和语、外来语等语种的区别以及单纯词、复合词、叠词等形态上的区别详细考察了动名词的构词模式。归纳本章内容可以图示如下：

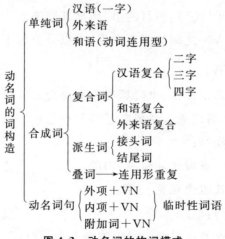

图 4.3　动名词的构词模式

第四章 动名词的构词

构词的讨论并非本书的重点所在，因此本章对动名词构词的讨论主要是以形态为中心展开。但毫无疑问，不仅是动名词，对于所有构词的研究而言综合性考察都是必要的。

比如有关构词所伴随的音韵变化，伊藤、杉冈（2002）讨论了复合词的音韵构造，指出音韵构造可以作为认定内项复合词与附加性复合词这两种不同构词处于不同构词维度上的依据。首先，内项复合词的重音是起伏型的，主要动词的第一个音不需要浊化；与此相对，附加性复合词的重音属于平板型，主要动词的第一个音需要浊化。就动名词而言，杉冈（2002）认为上述规则可以泛化，对于普通名词能够适用的动名词也能适用。而叶秉杰（2010）则认为："如果说可以作为动名词使用的所有词都有音韵变化的话，事实好像不是那么回事。依据笔者的调查，「地均し」「世渡り」「手合わせ」「後押し」等八个词重音属于起伏型的，而且也没有浊化现象。不仅如此，内项复合词中一部分作为形容词使用的词语也有音韵变化现象。"可见，对于构词过程中的语音变化仍需进一步深入研究厘清。

同时，从意义层面而言，动词和名词之间由于存在意义共有的一面，或者说是意义上大致相同的一面，因此完全可能出现"动词转化为名词"或者是"名词转化为动词"的现象。但在实际的语言生活中，一个词的形成不仅仅是词汇意义层面，更涉及句法意义层面。

综上所述，我们认为本章只是从形态角度对动名词的构词进行了梳理与探讨，就动名词的构词总体而言仍然有许多领域需要进一步深入研究。

【注释】

① 与此相对，朱京伟（2005）指出构词则是探讨新词的构成过程，具有动态性特征。

② 具体的结合方法包括"接词＋二字汉语"式（「再検討」等）、"二字汉语＋接词"式（「合理化」等）。

③ 这里的"不能成为名词"是一种共时性观点，从通时的角度来说，这些汉语也曾作为名词使用过。

④ 在一字汉语动名词中「損する」「得する」「罰する」三个词可以说较为例外。这三个词的词干与词尾之间可以插入适当的助词，例如：

a. 親譲りの無鉄砲でこどもの時から損ばかりしている。

b. ところが向こうの国では、そう言うと損するのだそうだ。

c. 自分だけ得をするほどきらいなことはない。

d. こっちへ物が来たのは得したのだ。
　　e. あまり厳重な罰などをすると、かえって反動を起こしていけないでしょう。
　　f. 自分を罰したいと思うほど、罪を犯した意識はないが。
　⑤《类语大辞典》，讲谈社，2002年。
　⑥另外，山田(2012)针对日语中的外来语动词("外来语＋する"，即本书中的外来语动名词)指出"英语的基础动词作为スル动词使用的例子为数不少，但是不作为スル动词的仍占压倒性多数"。由于本节主要讨论外来语动名词的词构造，因此对于外来语的语源不作深入讨论。
　⑦实际上，外来语的动词化还有另一条途径。这就是外来语的原语动词完全日语化之后取得了与和语动词完全相同的词尾，实现了活用的形式。例如，「サボる」「デモる」「ダブる」等等。当然经由这种方式形成的新词已经完全动词化了，不属于本书讨论的动名词之列，因此不作深入探讨。
　⑧关于英语来源的日语常用外来语动词，山田(2012)也指出"英语的基本动词约500个左右，其中在日语中可以作为外来语动词的约150个，其余的350个左右，在现今仍不能作为外来语动词使用"，认为英语语源的外来语动词为150个左右，这与朱京伟所指出的数量大致相同。
　⑨有关混合语的结合形式，参考2.1的"复合词"。
　⑩这6种形态如下：出现在动词后直接添加系助词的场合；以接在部分所谓的助动词及接续词前的形态出现的场合；在添加某些接头词及词汇要素的场合，以"X＋動詞連用形＋する"形式出现的场合；添加在动词句或动词本身，出现在引起动词范畴变化的结尾词之前的场合；作为复合词的要素出现的场合；动词连用形直接作为名词使用的场合。
　⑪国立国语研究所：《日语教育的基本词汇调查》，秀英出版社，1984年。
　⑫山口明穂、秋本守英编：《日本语语法大辞典》，明治书院，2001年。
　⑬小林英树：《现代日语汉语动名词研究》，ひつじ書房，2004年。
　⑭修饰包括连体修饰与连用修饰。沈宇澄(1999)指出"所谓连用修饰构造是指构成复合词的两个部分中，后项部分是具有用言性质的成分，前项部分是对该后项进行修饰、描写性的成分，前后处于这种关系之中"，例如：悔し泣き、里帰り、たこ焼き、ただ働き、月見、にわか仕込み、巻き添え、山歩き、人権無視、記者会見，等等。
　⑮一字汉语的词例包括「再建」「再録」等，三字汉语的词例有「再活性化」等。
　⑯具体内容请参考第六章。
　⑰同时，还讨论了不同于上述现象的类似于「強制着陸」的，不是以「～する」而是以「～させる」形式的动名词的处理问题。例如：ハイジャック機が空港に強制着陸した/海軍機がハイジャック機を空港に強制着陸させた。此外还有「相互VN」「同時VN」中有关主语的数性选择限制问题。其中，所谓项构造所无法解决的是指非主要部可以认为是主要部的项的场合。例如「意識改革」(企業が意識改革する)、「地盤沈下」(関西空港が地盤沈下する)，本来不应该出现的项出现了，小林(2004)主张这一类型可以借由词汇的概念构造来处理，可以和类似「法律改正」(国会が法律改正する)一样处理。同时，对于「強制着陸」尽管和「強制排除」

外形上十分相似但是不能适用「～する」,在与可以适用「～する」的「強制排除」(警官隊がデモ隊を強制排除した)进行比较的基础上指出不管是哪种场合"強制"都属于附加词性质的要素,关于「強制着陸」的词类,小林(2004)指出在词汇概念构造中,相当于"強制"的"FORCIBLY"在主要部"着陸"的词汇概念构造的外侧修饰"CAUSE",以这种形态出现因此自然就适用「～させる」而不是「～する」。

⑱ 虽然这里统称为"修饰关系",但实际上还有若干可能的下位分类。例如「空中爆発」表示「空中で爆発する」一样「で」是属于场所格关系;「強制着陸」表示「強制で着陸させる」一样「で」是属于具格关系;而「意識改革」表示「意識が改革する・意識を改革する」则可以解释为主谓关系或者是连用修饰关系。

⑲ 朱京伟(2005)将四字熟语分为"汉语的借用语"(「温故知新、隔靴掻痒、画竜点睛」等)和"日本人的自造语"(「自画自賛、我田引水」等)两个部分。

⑳ 日本语教育学会语:《日语教育辞典》,大修馆书店,1982年。

㉑ "动词＋名词"模式构成的词中也有诸如「着物、切り口、落ち葉、下り坂、教え子、決まり文句、引き金」等不含动作性的单纯名词。

㉒ 这类复合词的多数都是前项与后项的结合而构成的复合动词整体名词化而来的,因此也就同时存在类似「建てかける」这样的动词。当然也有类似「建て売る」这样不存在对应的动词的例子。此外还有诸如「降りどおし」这样,名词的场合有连浊,但动词的场合往往没有连浊现象,如「降りとおす」。可见,即便是在复合词中,可以认为较之于名词,动词的结合度更低。

㉓ 广辞苑第五版 CD-ROM 版将选择限制定义如下:"言"(selectional restriction)生成文法的用语,谓语对于主语或目的语成分所赋予的意义上的限制。一般来说,能充当动词「飲む」主语都是某种生物,目的语都是名词句,并且是限于某种液体。

㉔ 当然,关于「アップ」,朱京偉(2005)指出「アップ」可以作为外来语派生词的结尾词。例如下列各词中具有「アップ」结尾的情况「イメージアップ、ベースアップ、コストアップ、イメージダウン、スピードダウン、レベルダウン、ゴールイン」等,此外类似「ダウン、イン」等也可以作为同类的结尾词对待。

㉕ 但是对于部分汉语接头词而言,例如「不義理」「非常識」「大規模」等则会产生因为接头词而改变了原来词语的词性的现象。因此,只能说大部分接头词是不能改变原词的词性的。

㉖ 小林(2004)将"1＋2"式的三字汉语动名词的接头词分类如下:

「様態」：　　　　猛反対、密入国、逆輸入…

「程度・数量」：　大渋滞、最接近、総辞職…

「時間・局面」：　急上昇、急発進…

「頻度」：　　　　初来日、再上陸、再調査…

㉗ 沈宇澄(1999)将结尾词分为"名词性结尾词""动词性结尾词""形容词性结尾词""形容动词性结尾词"四类;朱京伟(2005)除了上述 4 种之外,追加了"副词性结尾词",将结尾词分为 5 种。

㉘ 小林(2004)将可以与「化」结合的词干分为:「体言系語基」(機械化、近代化、映画化、制度化、市街化)、「相言系語基」(複雑化、正常化、活発化、簡素化、無人化)、「用言系語基」(固定化、孤立化、組織化)等三种。

㉙ 这里所列举的词例是笔者根据文(2000)、佐伯(2005)、白川(2004)文献整理所得词例的一部分。

㉚ 几乎所有的辞典都将这一类叠词标注为副词。

㉛ 这种连用形的重复用法与韵文中的「連用形止め」也有关联。「連用形止め」不是采用通常的终止形结束却反而采用连用形结束,这可以说具备一种修辞性功能,是在充分理解连用形性质的基础上的有效利用。

㉜ 关于这一称谓请参考蔡珮菁「臨時的な複合名詞を作る2字漢語形容動詞について」、『阪大日本語研究』。同时,影山(1993)将复合词分为「語彙部門で形成される複合語」和「統語構造で派生される複合語」,即"词汇层面形成的复合词"和"统语层面形成的复合词"。所谓"统语层面形成的复合词"与本节所讨论的临时性复合词基本一致。

㉝ 关于属性叙述与事象叙述的差异,益冈(1987)将属性叙述规定为"以属于现实世界的具体的、抽象的实在物为对象提出话题并且指出该事物所具有的属性的叙述";将事象叙述规定为"对现实世界或时空中实现、存在的事象(发生的事情或静止的事态)所进行的叙述"。

㉞ 这里的「を格」并不是目的语的「を」格,而是场所性附加词所伴随的「を」格。

第五章

动名词谓语句的句法

通常意义上的句子不是由单一成分构成,而是由多个成分(桥本语法称之为文节)组合构成。句法即是指这些构成句子的多个成分按照一定的关系相连缀,表达某种语法意义的句子的构成方法的总称。中国人在学习日语时,一般都是首先理解单词、短语的意义,再考虑、分析短语以及句子的构成。在日语学习中,为了能更好地理解、运用日语,从句法或者是构句的角度对动名词谓语句进行的考察与分析不可或缺。[①]

第一节 格成分的同现

日语属于黏着语(膠着語)。桥本语法规定句子是"最高等级的连文节即是句子"。而文节(句节)又是基于格的联合而实现的。所谓格是指"格表明了名词或名词短语在句中与其他词语之间的关系类型"(《日本语教育事典》)。格的概念源于所谓"屈折语"的古希腊拉丁语,但在其他语言中也有存在,只是表现形式不同而已。日语中就有格助词这一附属词,而汉语则是通过语序来实现格关系的。

1.动名词的自他性和概念构造

日语的动词都具有自他性。动名词由于具备动词性,即「＋V」属性,因此也同样具有自他性的区别。益冈、田洼(1999)指出:"在和语动词的场合,

原则上自动词与他动词都由不同的对应形态来表示。但是,在借用动词②的场合却不具备这种形态上的区别,只能依据每一个词(或词的用法)来判断其到底是自动词还是他动词。"也就是说,动名词的自他性不是依据某种形态上的标准,而是依据每个词的具体用法来确定的。而关于"每个词的具体用法",笔者认为它是依据影山(1993)提出的词汇概念构造理论③(LCS)而来的。影山(1993)指出"表示词的概念性意义的即是词汇概念构造",而每一个具备概念性意义的词语都具有词汇概念构造,因此动名词也不例外。

词汇概念构造对词语的各关系会产生影响。例如动名词「相談」的概念就是表示"相互提出意见进行商议",因此就很容易地联想到说话人(～が)、听话人(と・に)以及具体事象(～を・について)这三项意义关系。也就是说,通过对词语概念构造的分析,可以将凝聚的意义分解为若干个项构造,这样潜藏在其中的格关系就一目了然了。

如前所述,动名词不仅具备名词性同时又具备动词性,因此从概念上来说具有与动词相同的自他性区别。但是和「集まる/集める」等和语自他动词的区别方式不一样,汉语动名词没有表示自他区别的形态性标示。本田亲史(2003)以词汇概念构造为理论依据分析汉语动名词的自他性时指出"对于不具备自他标示的汉语动名词来说是否具有ヲ格宾语是判断自他性的依据之一",并且依据词汇概念构造理论归纳总结了只有自动词用法的汉语动名词以及只有他动词用法的汉语动名词,列举如下:

只有自动词性用法的汉语动名词1(不具备使役构造的状态变化性自动词)

a.株価が急落した。b.＊株価を急落した。

悪化、急増、荒廃、混迷、渋滞、倒壊、発覚、判明、崩壊、流出

词汇概念构造:[y BECOME[y BE[AT z]]]

只有自动词性用法的汉语动名词2(活动性动词)

挨拶、運動、活動、作業、跳躍、読書、努力、内職

词汇概念构造:[x ACT]

只有他动词性用法的汉语动名词1(不表示对象物的状态变化而仅仅表示作用于该对象的他动词)

研究、攻撃、視察、視聴、使用、襲撃、非難、勉強、爆撃、派遣

词汇概念构造：[x ACT ON y]

只有他动词性用法的汉语动名词 2（表示对象物状态变化的他动词）

暗殺、改正、改定、解剖、殺害、整理、整備、掃除、治療、分解、分割

词汇概念构造：[[x ACT(ON y)]CAUSE[y BECOME[y BE AT z]]]

当然，本田（2003）对动名词自他性分析的目的在于"以汉语动名词为考察对象，通过观察使役他动词句式中的主语名词短语，指出脱使役化的限制是由概念构造规定的"。本田的研究从某种程度上证明了动名词具有自他性。

另外，庵（2008）基于"对于中国学习者的日语教育是重要的课题，必须进行诸多基础性研究"的目的，以サ变动词为对象，进行了实证性的田野调查，考察了自他动词中的"含义范畴"④。虽然庵（2008）和本田（2003）的研究目的以及判断自他动词的基准都不一样⑤，但这些先行研究无疑进一步证明了动名词具有自他性以及自他两用性⑥的一面。可以说这也是动名词自他性的依据之一。

如上所述，可以说自动性、他动性以及自他两用性的动名词拥有词汇的意义概念上的区别。实际上，不仅如此，词语的意义构造与使用该词语的句法构造有着密切的相互关系。也就是说，动名词的意义构造与这些词语的句法构造有着密切的关系。

2. 动名词的格赋予

格语法是指词与词之间的意义关系借由动词来把握的语法形态。关于动词的格支配（case government），高桥（1995）指出"动词在句子中与名词有特定的格组合时，可以说是该动词在支配格"。例如动词「くう」借由「めしをくう」支配对格；动词「のる」借由「電車にのる」支配与格。同时，动词「おしえる」借由「学生に文法をおしえる」支配与格以及对格两种不同的格。另一方面，影山（1993）将动词的格支配称为动词的格赋予这一概念。本书采用影山（1993）的格赋予的概念。

格支配、格赋予以及格获取都是依据动词承接连用格这一特性而来的。动名词这一词类，正如其名称所示，既有名词性的一面又有动词性的一面。但是总体上可以认为动词性最为显著。因为动名词拥有和动词一样的「NP

を」「NPに」等项构造的缘故。换言之,因为动名词具备名词性的同时又具备动词性,因此很自然就能联想到有格(case)关系。关于这一点,我们可以通过若干句式加以检验。首先我们探讨「～中に、～後に」等时间副词节。

(1)ひかり号が静岡駅を<u>通過</u>後に…
(2)コンピュータに資料を<u>入力</u>中に…
(3)警察が交通違反を<u>取り締まり</u>中に…
(4)稲を<u>刈り取り</u>後に…

例句(1)(2)的「通過、入力」是汉语动名词;例句(3)(4)的「取締り、刈り取り」则是和语动名词的例子。由于例句(2)(3)(4)都具有他动词性质,因此直接承接了ヲ格目的语。与此相对,例句(1)的「通過」则是自动词,其中的ヲ格不是对象语而是表示移动的场所。

但是类似「立ち読み、貸し借り、がぶ飲み」等虽然在形式上和「取締り、刈り取り」类似,但其直接目的语却不能承接ヲ格而是ノ格。也就是:

マンガを立ち読み中に…──→マンガの立ち読み
ノートを貸し借り後…──→ノートの貸し借り
ビールをがぶ飲み中に…──→ビールのがぶ飲み

当然,这些词语很明显都是表示某种动作,不仅如此还都能与「する」结合构成「立ち読みする、貸し借りする、がぶ飲みする」的形式,因此毫无疑问都是动名词。乍看应该会支配ヲ格的他动词性的「立ち読み」之类,实际上并不是如「＊立ち読む、＊貸し借る、＊がぶ飲む」一样由相对应的动词直接派生而来的,而是由各自的前一部分动词与后一部分动词分别名词化之后复合压缩而成的,因此比起动名词(＋VN),这些词语的「＋N」属性比「＋V」属性强,不能支配动词性强的ヲ格,而能支配名词性强的ノ格也就理所当然了。[7]有关这一点,大岛资生(2003)指出依据不同的句法环境,动名词的谓语功能可能彰显也有可能被抑制,当谓语功能被抑制时就表现出其名词性的一面,相反当谓语功能彰显时,其动词性得到最大体现。换言之,只有在动词性的场合才有可能实现格赋予,而在名词性的场合则不能实现格赋予。

当然,不仅仅是「～中、～後」句式,动名词的格位表现还可以体现在以下句式形态中。

(5)書庫の本を帯出の際は…
(6)書庫の本を持ち出しの際は…
(7)厳重に火の元を点検のこと。
(8)厳重に飲酒運転を取り締まりのこと。
(9)参加をご希望の方は、次の要領で申し込んでください。
(10)「急いで物をいう裁判医をお望みなら、これからはわしを呼ばないことだね」と古堀はいって仕事をつづけた。

在以上例句中，除了例句(10)之外，由于动名词后续格助词「の」，[8]因此显然这不是单纯的动名词之后省略了「する」的缘故。而且，「の」这一格助词的出现，意味着其前面的要素是名词(或者是至少不是动词)。同时，关于例句(10)，连用形「望み」不能转化为「望みする」或者「お望みする」，因此只能认定是他动词性的「望み」赋予了ヲ格。

如上所述，动名词虽然形式上是名词性的，但在句法功能上却是动词性的。要理解动名词这种动词性与名词性的双重性，有必要区分考虑动名词的内部关系与外部关系。也就是说，在动名词所形成的句节(VNP)内部，动名词谓语该句节的谓语部分，发挥着谓语(＋V)功能，自身能够承接格成分，构成相应的项。另一方面，从动名词的外部环境来看，由于名词性(＋N)的缘故，动名词句节(VNP)等同于名词句节，因此，有必要格助词「の」的支撑。

上述动名词句节(VNP)的内部及外部构造可以图示如下：

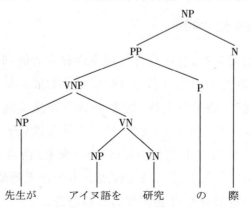

图 5.1　动名词句节(VNP)的内部及外部构造

动名词在无后续「する」的情况下实现格赋予的现象，绝不限于以上所示

的从属节的场合。在敬语以及请求表现的场合同样有格成分存在就是依据之一。并且，在尊敬表现的「お/ご～になる」以及「お/ご～下さい」中，往往不是选择名词句(NP)而是动词句(VP)或动名词句(VNP)。

(11) この提案をよろしくご検討ください。⑨

(12) 委員会でこの提案をご検討になったはずだ。

在以上两个例句中，(目的语)宾语的ヲ格是借由他动词性的「検討」赋予的。例句(11)中的格赋予的实现也许会被认为是借由「～ください」来实现的，但例句(12)中的自动词「なる」确实无论如何都没有ヲ格的赋予能力。

当然，「中、後」等时间副词节的接辞也会选择动名词节(VNP)，而不会选择通常的动词节(即动词连用形的投射 VP)或时态节(IP)，与此相对，相同的时间副词节「際、折」等，却既能承接 VNP 又能承接 IP。例如：

犯人を逮捕後　　　　長男が誕生の折/際に

＊犯人を捕まえ後　　　長男が生まれた折/際に

＊犯人を捕まえた後⑩　＊長男が生まれ折/際に

总之，虽然动名词(VN)不具备动词的形态，但同样能够承接连用格，形成独自的投射，并在其内部实现不同的格赋予。换言之，正如动词(V)投射动词句(VP)一样，动名词也同样投射动名词句(VNP)，这也正是我们能够探究动名词句各种句法内部的格构造类型的理论依据所在。

3. 动名词句的格构造

从句法学的角度来看，名词具有充当主语和宾语的词性禀赋。为了支持这种名词特性，以格为中心的形态论范畴获得了发展。格的本质不受表现手段变化的约束。同时，格又与人称、数量、性别等语法范畴有着本质区别。人称、数量、性别等属于作为词语的现状，是属于体系性(Paradigmatic)的问题，而格则是带有名词类的构造论(Syntagmatic)现象，换言之，如果没有格，那么名词类成分在句中的相关性就没法体现。本节在先行研究的基础上，力求对动名词句的格构造展开尽可能详细的分析讨论。

田中(2012)将新闻报道的起始部分的「名詞＋です」构造(这里的名词包括单纯名词与动名词。)也即所谓的"标题句"⑪的特点归纳分为以下两种。

Ⅰ型：（○○が～です）…"主语＋谓语"型

イチロー選手が、電撃移籍です。
A＝イチロー選手　B＝電撃移籍→AがBです

如上例所示,当句子可以分为主语部分与谓语部分时即称为Ⅰ型。当然在格助词「が」省略的场合,也同样属于Ⅰ型。

政権交代からおよそ3年、民主党（が）、分裂です。
上野動物園で24年ぶり、赤ちゃん（が）誕生です。

Ⅱ型（～で～です）（～に～です）（～を～です）…仅有谓语型

未解決事件で新たな動きです。

如上例所示,只有谓语部分的句子即称为Ⅱ型。这是一种将「～です」与体言（事象名词）突出表现的句型。除此之外,还有可能出现以下情形：

生活騒音をめぐる隣人トラブルで最悪の結末です。
滝行と称し娘を窒息させた父親に判決です。
オリンピック開幕まであと4日、大会注目のアスリートを特集です。

我们分析这里所谓的"事象名词"的意义构造,就会发现它们分别对应「最悪の結末が生じる」「判決が出た」「この番組が特集する」等语意,可以说是主语以及主格助词「が」隐藏而形成的句式。

尽管田中（2012）并没有阐明Ⅰ型和Ⅱ型的分类基准,但从整体上来判断,似乎是主语的有无。正如主语通常是由主格助词「が」来标示一样,动名词句由于句末谓语是动名词（VN）,因此在该动名词所承接的项中能够实现格赋予。因此,区别于田中（2012）,本书拟以动名词句中的格助词为中心,考察动名词句中的格构造。

3.1 二格句法

（13）（スズメバチ駆除の作業について）その現場に密着です。⑫
（14）新潟赤十字センターに到着です。
（15）（選手が「今年の目標は？」というインタビューに答えて。）

今年は、世界新に挑戦です。

(16)(有名若手ゴルファー)2人の一打一打に注目です。

(17)関係者に緊急インタビューです。

(18)官邸の変化に注目です。

(19)政府高官に贈賄の疑いです。

(20)その旅行者は肝炎に感染の疑いがある。

(21)～被告に今日、判決です。

(22)本人とは富士山観測所に勤務中に一度会ったことがある。

(23)「名探偵コナン漆黒の追跡者」みてきました。今日から公開なのですよね。(中略)今回は黒の組織にスポットが当たってるので展開に期待でした。観た感想は昨年の映画よりも今回が上回りました。面白かった。

(24)森喜朗首相は今、旅の空。東南アジア諸国連合(ASENA)の会議出席のため、シンガポールに滞在中だ。

ニ格句法通常表现为"§に+动名词"形式，"§"为变量。从以上例句来看，这一变量可以包括着落点、对象、存在的场所等。因此ニ格句法可以具体化为「帰着点・対象・存在・場所＋に＋動名詞(VN)」。当然，着落点既有具体地点的「現場」「新潟赤十字センター」等，又有表示抽象着落点的，如「～被告」等；对象也同样，既有具体的「一打一打」「台風」等，又有抽象的「世界新」等；表示存在的场合，大都包含"发现"的意义。

从词汇概念构造来看，在ニ格的格赋予方面「密着」「到着」「挑戦」「注目」「インタビュー」「期待」「滞在」等动名词自身的概念性意义关系不能忽略。换言之，这些动名词通常都让人很自然地联想到与ニ格搭配。

3.2 ガ格句法

(25)ここ一年間株価が安定です。

(26)首相が緊急会見です。

第五章　动名词谓语句的句法

(27) 3人のメダリスト│が│生出演です。

(28) 正面衝突で夫婦│が│死亡です。

(29)(大臣の訪問の前に)早くも住民の怒り│が│爆発です。

(30) ヨーロッパを舞台に、日本人ストライカー│が│活躍です。

(31) 後継者選びを巡って、～一族│が│骨肉の争いです。

(32) 日本フィギュア界のエース│が│復活です。

(33) 津波で被災しながら復活したサンマ漁船│が│出港です。

　　ガ格句法即"动作主＋が＋动名词(VN)"结构的所谓的主语句节。这一句法中的动名词几乎都是自动词。其意义大都表示动作主的状态或者是赋予动作主以新事态将要发生的意义。当然，如前所述，类似「政権交代からおよそ3年、民主党(が)、分裂です」一样，「が」格省略的场合同样可以认定为属于ガ格句法。

3.3 ト格句法

(34) 転覆漁船の3人、家族│と│感動の再会です。

(35) タレントの～さんの妹～さんが交通事故、路線バス│と│衝突です。

(36) タイトル奪回を賭けて、王者～│と│対戦です。

(37) 横綱～～│と│大関～～が、直接対決です。

(38) 田中氏は女優│と│密会の噂がある。

　　ト格句法即是"对象＋と＋动名词(VN)"句式。ト格本来就是"共格"，因此作为共同参与动名词所表示动作的另一方，即对象是无论如何必要的。同时，从ト格关联的动名词(「再会」「衝突」等)的概念构造来看，也让人很自然地联想到与ト格的关联。

3.4 デ格句法

(39) 正面衝突│で│夫婦が死亡です。

(40) 交番 で 拳銃が爆発です。

(41) 広州行きは次の駅 で 乗り換えです。

(42) 私はシンガポール で 乗り継ぎです。

(43) 三時に駅 で 待ち合わせです。

デ格句法即是"场所、手段、原因＋で＋动名词(VN)"句式。充当谓语的动名词表示的是该动作进行的场所或者是该动作实现的原因或手段。

3.5 ヲ格句法

(44) 60歳の迷惑男 を 逮捕です。

(45) 放火の一部始終 を カメラが劇撮です。

(46) 任期途中で辞任した〜市長 を 生直撃です。

(47) 〜知事が〜国交相と面会し、持論 を 展開です。

(48) 新車 を ご購入のお客様、下の手順に従って申し込みをしてください。

(49) 男女合わせて、初の金メダル を 獲得です。

(50) 〜候補が、熱い選挙戦 を スタートです。

(51) 〜記者が、ニューヨークの今 を レポートです。

(52) (前略)バイク を 運転中にバスに追突し、せき髄を損傷した。

(53) ついつい、新しいガジェットに飛びついてしまう自分 を 反省です。「ペン」や「ノート」に「付箋」など、今までいくつも試してきましたが、結局残るのはほんの僅か。しかも昔から使っているモノばかりです。

ヲ格句法即是"动作主(が・は・も)＋对象(を・も)＋动名词(VN)"句式。依据动作主的出现与否,该句法可以分为有题句和无题句。[13]尽管以上所举的基本上都是无题句的用例,但益冈(1987)指出"事象叙述句到底是有题句还是无题句,基本上要依据'已知'及'未知'之类的文本层面的条件来判断"。

也就是说,由于铃木(2010)的用例都是表示未知的、提供新信息的例句,因此自然都是无题句。同时,在上述例句中,充当谓语的动名词几乎都是他动词,因此ヲ格的赋予也可以说是与动名词本身的词汇概念构造密切相关的。

3.6 へ格句法

(54)佃さんは,どこか へ 御旅行ですか。

(55)来週は部長と北海道 へ 出張だ。

(56)むろん佐世保 へ 回航の折と同じように、警戒隊を海岸線一帯に配置し、厳重な警戒態勢がとられることになっていた。

(57)神鋼は、ケンブリッジ大 へ 留学中の岩渕が一時帰国してFBで出場した。

へ格句法是指"场所＋へ＋动名词(VN)"句式。在实际语言环境中也存在基于词汇概念构造而省略へ格名词句的情形。例如,在寒暄语「お出かけですか」中,「どこかへ」名词句节的省略极为普遍。

3.7 カラ（より）格句法

(58)今、工場 から の帰りです。

(59)飛行中の機体 から 、二度も車輪が落下です。

(60)これ より 先は立ち入り禁止です。

(61)3月 から 休業中だった日本体育協会付属スポーツ診療所(所長＝川原貴・東大助教授)が1日、東京・渋谷の岸記念体育会館地下1階で一般外来患者向けの保険診療を再開した。

カラ格句法是指"起点＋から＋动名词(VN)"句式,表示句中的时间或空间上的起点。依据动作主的出现与否可以分为有题句与无题句。

总之,以格构造为中心,动名词句大致可以归纳为以上句式。但在实际语言环境中,每一种格构造的出现并不是均等的。有关这一点,石立珣(2009)以「CD-ROM版　新潮文庫100冊」以及「朝日新聞」(1998～2000)为

对象，调查了含有体态性接辞的动名词句的实际使用情况。如下表所示：

表 5.1 「CD-ROM 版　新潮文庫 100 冊」中的用例分布

出现形式＼格形式数量	ガ	ヲ	ニ	ヘ	デ	ト	カラ	マデ
〜中	5	23	40	5	26	6	1	—
〜の上・うえ	—	23	1	1	—	5	—	—
〜後	2	4	4	—	3	—	—	—
〜の後・のち	—	—	1	—	1	1	—	—
〜の折・おり	—	—	—	—	1	1	—	1
〜済み	—	—	—	—	—	1	1	—
〜の際・さい	—	—	—	—	—	—	1	—
〜の末・すえ	—	—	—	—	—	1	—	—

表 5.2 「朝日新聞」(1998〜2000)中的用例分布

出现形式＼格形式数量	ガ	ヲ	ニ	ヘ	デ	ト	カラ	マデ	合计
〜中	7	254	110	3	190	11	3	1	579
〜後	—	78	47	2	11	4	13	—	155
〜の上・うえ	2	26	—	—	5	26	1	—	60
〜済み	—	9	5	—	12	2	—	—	28
〜直後/直前/寸前	—	2	3	1	1	—	—	—	7
〜の末・すえ	—	—	—	—	1	1	—	—	2
〜の後・のち	—	—	—	—	1	1	—	—	2
〜の間・ま	1	—	—	1	—	—	—	—	2
〜の度・たび	—	—	—	—	—	1	—	—	1

如上所述，石立珣(2009)的调查目的不在于本书的格构造，而是为了验证动名词在没有「する」伴随的情况下，通过借助「中、後、済み、の上」等体态性接辞也同样能够实现类似于动词一样的构句功能，能够承接「ヲ、ニ、ヘ、デ、ト、カラ、マデ」等连用修饰句节。但尽管如此，上述调查仍然在一定程度

上显示了动名词谓语句中各种格成分的出现概率,大致而言,ヲ格概率最高,其次是デ格、ニ格等。

3.8 ノ格相关

(62)その時のコロンビア交響楽団はワルターの指揮だった。

(63)事故を起こした飛行機はベテランパイロットの操縦だった。

(64)この中古家具はアメリカ軍の放出だ。

(65)この銀行口座は犯人の指定だ。

(66)今、工場からの帰りです。

(67)大切なのは、両親{との・への}相談だ。

(68)これが君の手紙への返事だったら破いて呉れ。僕としては依頼文のつもりだった。

(69)ご主人から新築なさると伺いましたが…。

お酒の席での話しでしょう。うちの人はお酒が入るとだめなんですよ。

気が大きくなってしまって…。

从以上例句可知,ノ格包含两种表现形式,即"格助詞＋ノ＋动名词(VN)"与"ノ＋动名词(VN)"。同时,如以下所示:

(70)参加をご希望の方は、次の要領で申し込んでください。

(71)厳重に飲酒運転を取り締まりのこと。

由以上例句可知,实际上,在ノ格句法的场合,存在例句(62)～(65)的"の＋动名词"、例句(66)～(69)的"格助词＋の＋动名词"以及例句(70)(71)的"动名词＋の"⑩三种情形。以下分别讨论。

A. 动名词＋の

关于"动名词＋の",如前所述由于动名词具备名词性(＋N),因此动名词句(VNP)与名词句(NP)具有等同语用性质,在修饰名词节时必须有格助词「の」的参与。从这个意义上来说,"动名词＋の"句节本身就具有修饰名词的功能。那么,关于"の＋动名词"又该如何解释呢?

B. の＋动名词

影山(2006)指出在「XはYだ」句式中，Y既有属性叙述的功能又有事象叙述的功能。而且，本来以下这种「XはYだ」句法不是正确的表现形式。

＊その時のコロンピア交響楽団はワルター指揮⑮だった。
＊事故を起こした飛行機はベテランパイロット操縦だった。
＊この中古家具はアメリカ軍放出だ。
＊この銀行口座は犯人指定だ。

但是，影山(2006)指出以上例句的划线部分，如果用通过「ノ」的插入而产生的带有「ノ」的名词句(而不是外项复合词)的形式来置换的话，就会产生如例句(62)(63)一样语法上合格的「XはYだ」句式。并且，影山(2006)进一步指出由于「ノ」的介入而成为名词句的「ワルターの指揮」「ベテランパイロットの操縦」「アメリカ軍の放出」「犯人の指定」等表现形式已经不再具有分类性的属性叙述功能，而转变成单纯的对于各自主题的一种事实说明(发生事象的叙述)。

实际上，在"の＋动名词"句节的形成中，动名词自身的动词性(＋V)发挥着很大的影响力。具体说来，「ワルターの指揮」等名词句既然是表示"发生事象的叙述"，那么其谓语部分就必须是能够表达这一事象的动词或者是动名词，例如：

＊この銀行口座は犯人の指定する。
　この銀行口座は犯人の指定です。
＊この料理は母の作る。
　この料理は母の手作りです。

通过以上对比可知，处于谓语位置的词语排除了动词却选择了动名词充当谓语。总之，"动名词＋の"与"の＋动名词"之间在句法上是不同的，可以说在"动名词＋の"的场合下，动名词的名词性(＋N)属性表现得更为突出，而在"の＋动名词"的场合下，动名词的动词性(＋V)属性表现得更为突出。

C. 格助词＋の＋动名词

关于"格助词＋の＋动名词"句式，芳贺(1978)指出"「の」接在除「が、を、に」之外的连用格助词之后，构成类似如「恋人とのすれ違い、北からのたよ

第五章 动名词谓语句的句法

り、南への郷愁、小田急でのカケ落ち」等句式，这在一定程度上弱化了「恋人と」「北から」「南へ」「小田急で」等短语的动作性，从而发挥了使其整体上体言化的作用。"杉冈(1989)指出"补语，也就是'名词＋格助词'短语和名词共同出现时，必须插入「の」"。在这种场合下，如以下例句所示，语法格(が、を)往往被删除而意义格[16](に、から、と、へ、で、の)则原封不动地出现。

  A. 花子の帰宅（が）　事件の調査（を）
  B. 花子との結婚　　アジアへの進出

毋庸赘言，在以上 A 与 B 例中右侧的名词都是动名词。[17]杉冈(1989)进一步指出"这种名词[18]都能自由地与补语共同出现。与此相对，<u>单纯名词</u>中只有能够联想到某一动作的那部分词语才可以与补语伴随出现。"以下例 C 括号中的动词即是借由「との」前后的两个名词的意义关系联想而来的。通过例 C 与例 D 的对比分析，我们认为名词能否与补语共同出现更多地是由词汇层面的因素决定的。

  C. 肉親との絆（結ぶ）
   花子からの手紙（もらう）
   駅へのバス（向かう）
  D. ？友達とのタクシー（乗る）[19]
   ？お隣からの子供（預かる）
   ？駅へのサラリーマン（向かう）

也就是说，我们可以将"格助词＋の＋动名词"的生成模式图示化如下：

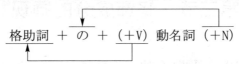

   格助詞 ＋ の ＋ (＋V) 動名詞 (＋N)

图 5.2　"格助词＋の＋动名词"的生成

如图 5.2 所示，由于动词性(＋V)因素的影响，在动名词所形成的句节(VNP)内部，动名词发挥着该句节的谓语(＋V)的功能，因此其自身就能实现格赋予（图 5.2 中的格助词）。另一方面，由于名词性(＋N)因素的影响，从外部来看动名词句又具有与名词句同等的属性，因此就有格助词「の」介入的必要（图 5.2 的「の」）。

综上所述，动名词句中ノ格的类型以及生成关系可以归纳如下表所示：

表5.3　动名词句中ノ格的类型以及生成关系

构成类型 \ 生成关系	动名词（＋VN）
動名詞＋の	「＋N」属性
の＋動名詞	「＋V」属性
格助詞＋の＋動名詞	「＋V」「＋N」属性

3.9　多重格句法

(72)～で表彰までされた男 が 、会社の金 を 30年間使い込みです。

(73)保険会社2社 が 顧客データ を 紛失です。

(74)現役最年長の～投手 が 古巣の西武 に 復帰です。

(75)県 が 、新たに、～団体の取組 を 評価です。

(76)大晦日から元旦にかけて、警察 が 正月暴走 を 厳重に取り締まりです。

这里所谓的多重格句法是指如以上例句(72)～(76)例句所示，同一句中包含两项或三项格成分的句法现象。动名词句中多重格成分的出现基本上都是基于该动名词自身的词汇概念构造而形成的。

第二节　修饰成分的同现[①]

通常，所谓修饰成分是指"名词＋格助词"式的补语成分、"名词＋系词"式的主题成分以及"时间名词＋∅"式的时间状语成分等，总体上都包含一个名词的修饰成分，其范围比结合价语法中的格成分要广。当然，上文所论述的动名词句的格成分也同样属于修饰成分，但本节主要是以不太有格标示的成分为对象展开讨论。

1. 时间状语成分

佐久间(1941)将句子区分为事象句(描述某一事象)与定义句(定义某一属性)。动名词形式上是名词,但在句法功能上又具有动词性,即兼有名词性与动词性。因此,影山(2006)指出动名词句既可能表示事象叙述又有可能表示属性叙述[①]。例如:

(77)日本国の紙幣は日本銀行発行だ。(属性叙述)
(78)この紙幣は、日本銀行の発行です。(事象叙述)

在例句(77)中,谓语部分的"日本銀行発行"解释说明了"日本国の紙幣"这一范围性名词短语的固有属性(即日本国纸币这一范畴的固有属性)。与此相对,在例句(78)中,由于「ノ」的介入使得「日本銀行の発行」短语已经丧失了分类性属性叙述的功能,而只是单纯地针对主题「この紙幣」的事实性说明(发生事象的说明)。

(79)＊日本国の紙幣は(平成15年に)日本銀行発行だ。
(80)この紙幣は(平成15年に)日本銀行の発行です。

如上述例句所示,由于属性即不随时间的推移而改变的性质,因此在例句(79)中,「平成15年に」之类的时间修饰节也即时间状语的介入必然使得该句成为了句法上不合格的句子。与此相对,在例句(80)的事象叙述的场合,由于表达的是可以随着时间的推移而发生变化的事象,因此可以和时间状语整合形成句法上合格的句子。附带说一下,由于在"动名词句的格构造"一节中所举的例句基本上都是新闻报道记事,性质上属于事象叙述,因此如下例所示能够允许时间性修饰成分的介入。

(81)(スズメバチ駆除の作業について)いまその現場に密着です。
(82)午後3時に、首相が緊急会見です。
(83)転覆漁船の3人、本日、家族と感動の再会です。
(84)正面衝突で、その場で、夫婦が死亡です。
(85)60歳の迷惑男を現場で逮捕です。
(86)今日、飛行中の機体から、二度も車輪が落下です。

总之,由于事象叙述表示的是实际事象的发生,通常都会涉及"何时、何

地"之类的时空概念，因此类似「いま」「本日」「今日」「その場で」「現場で」等时间或空间性修饰句节的介入也就理所当然了。与此相对，在以下所示的属性叙述的场合，则不允许时间性修饰节的介入。

(87) この家具はイタリア直輸入です。

　　　＊この家具は今年イタリア直輸入です。

(88) このカニは産地直送です。

　　　＊このカニは今朝産地直送です。

(89) そのシンポジウムは、朝日新聞社主催です。

　　　＊そのシンポジウムは、12月3日朝日ホールで、朝日新聞社主催です。

(90) 合唱曲「水のいのち」は高田三郎作曲だ。

　　　＊合唱曲「水のいのち」は、1964年にTBSの委嘱で、高田三郎作曲だ。

实际上，基于叙述类型的差别而引起的时间修饰节的介入允许度问题，在单纯名词或形容词出现在「XはYだ」句式中Y的位置上时也能验证。例如：

属性叙述：山下課長は（＊このところ）女性だ/腹黒い。

事象叙述：山下課長は（このところ）元気だ/怒りっぽい。

2. 副词性修饰成分

副词主要是发挥连用修饰语的功能，在句中通常用以修饰用言、状态性体言或者是其他副词。从种类上来看，副词包括"样态副词""程度副词""数量副词"以及"时态或情态副词"等[②]。仁田义雄(1989)指出"副词与作为副词性修饰成分结合对象的动词的结合度及同现度很高。"[③]但在动名词句中，由于动名词具有动词性与名词性这一双重性，使得其与副词性修饰成分的同现呈现出以下限制性特征。

(91) さっきから、ちっともその調子がでないんで、なんだかの足りなかったんだ…、じゃ、改めて握手だ！

(92) こっちが化かされたような気になって立ちすくんでると、た

ちまち昇天ですわ。
　(93)歌と語りがひとつのオペラのなかでこのように組み合わさっていることは、歌手にとって非常に負担ですが、同時に素晴らしい喜びでもあるんです。
　(94)兄さんは相変わらず勉強ですか。
　(95)ずっと、仕事、仕事、仕事だったのよ。
　(96)あんなにガミガミ言う女性が、ホントの女房だったら、とっくに離婚だな。
　(97)4歳からピアノを弾いています。もっとも、まったくの独習ですけど。
　(98)老舗料亭に、またも問題発覚です。
　(99)関係者に緊急インタビューです。
　(100)3人のメダリストが生出演です。
　(101)(大臣の訪問の前に)早くも住民の怒りが爆発です。
　(102)横綱〜〜と大関〜〜が、直接対決です。
　(103)任期途中で辞任した〜市長を生直撃です。
　(104)飛行中の機体から、二度も車輪が落下です。
　(105)県が、新たに、〜団体の取組を評価です。
　(106)警察が正月暴走を厳重に取り締まりです。

　　众所周知,名词可以承接连体修饰节,不能承接副词、状语等连用修饰节,相反动词则是承接副词、状语等连用修饰节,而不能承接连体修饰节。但是,在上述动名词句中,不管是汉语副词还是和语副词,都能作为修饰节修饰动名词谓语(作为谓语的动名词)。基于这些副词、状语等与动名词的同现现象,我们确实能够窥见动名词的动词性,但尽管如此,从整体上来看,比起动词句,动名词句的副词性修饰成分要贫乏得多。毫无疑问这与动名词的(＋N)与(＋V)特性密切相关。具体来说,由于副词的基本功能在于修饰用言或谓语,动名词尽管具有动词性(＋V)但却是同时拥有名词性(＋N)的体言,因此比起动词(＋V、－N)句,动名词句中的副词修饰节的同现允许度自然要低得多。特别是例句(97)「4歳からピアノを弾いています。もっとも、まったくの独習ですけど。」中的「まったくの」修饰节可以说是典型的动名词句的

修饰句节。在单纯动词句的场合只要「まったく」就可以了,「の」的介入,充分显示了动名词「独習」的名词性一面。

第二,与和语副词相比,汉语副词[24]的同现度更高。笔者以动名词谓语「インタビューです」为关键词,检索发现以下例句。

(107)2年前民主党小沢代表の<u>単独</u>インタビューです。

(108)京都サポ必見!!イ・ジョンス<u>独占</u>インタビューです。

(109)そこで、アポ無しで<u>突撃</u>インタビューを試みたところ、快く応じてくれました(メールでの<u>仮想</u>インタビューですが)。

(110)そしてデビューシングル『リアルでゴメン…』制作秘話も丸わかりの<u>ロング</u>インタビューです。

(111)全話ニュープリント&HDテレシネでよみがえる巨編に主演された中村敦夫さんの<u>超豪華スペシャル</u>インタビューです!

(112)今回は南アフリカワールドカップ、オーストラリア代表の最終候補まで残った、元オーストラリア代表で、今シーズンからシドニーFCでプレーするニック・カール選手への<u>突撃</u>インタビューです。

(113)以下はその際の<u>ミニ</u>インタビューです。

(114)本日は2007年からスタッフに加わってくださった石渡康さんのスタッフ<u>直撃</u>インタビューです。

(115)原発のことを調べつくし、本を書かれた広瀬隆さんの<u>緊急</u>インタビューですので、とても信頼できます。

(116)毎週日曜よる11時〜放送中の日曜ナイトドラマ「女帝薫子」の主演・桐谷美玲さんの<u>特別</u>インタビューです!

从上述例句中不难发现,在「〜インタビューです」的修饰语中,虽然有少数外来语,但总体上汉语修饰词占绝大多数,而和语修饰词一个也没有。实际上在日语中,和语副词为2491词,而汉语副词仅为278词[25],也就是说,在数量上和语副词是远远超过汉语副词的。但在铃木(2010)所举的例句中,和语副词仅有「またも、早くも、新たに」三例[26]。田中(2012)的引言部分举出了「イチロー選手が、電撃移籍です」以及「未解決事件で新たな動きです」两个例子,但其中「移籍」是动名词,而「動き」则是状态名词,因此其修饰语也

分别是汉语副词「電撃」与和语副词「新た」。

那么,为什么和语副词修饰节很难与动名词同现呢？这是因为动名词作为名词的下位分类之一,总体上还是属于名词,而副词基本上是修饰动词的缘故。例如：

①＊はっきり目的です　←（直接修饰的场合）→　はっきり言う
　　はっきりした目的です←（非直接修饰的场合）→＊はっきりした言う
②また、明日直接交渉です。
　　また、明日直接に交渉です。
　　また、明日直接に交渉する。
③大家直交渉ですので仲介手数料等かかりません。
　　？また、明日直に交渉です。
　　また、明日直に交渉する。

如上述例句所示,和语副词「はっきり」可以直接修饰动词「言う」而不能直接修饰名词谓语「目的です」。与此相对,非直接修饰形式「はっきりした」可以修饰名词谓语「目的です」却不能直接修饰动词「言う」。另一方面,汉语副词「直接」「直」都能直接修饰动名词谓语「交渉です」[2],而将「直接」「直」副词化为「直接に」「直に」之后,其与动名词谓语「交渉です」的修饰许可度显著降低而与动词谓语「交渉する」的修饰许可度却显著上升。

关于这一点,我们还可以通过常用的和语副词「よく」来进行验证。笔者尝试以「よく…です」作为关键词检索青空文库,结果显示共计6310条检索结果项中,可以认定为「よく」修饰动名词谓语的仅有14项,并且在这仅有的14例中「よくご存知～」这一常用形又占了13例,符合修饰汉语动名词的仅有如下1例：

(117) そして毎日邸内や庭園内を掃除にまわっていますから、室内や園内のどこに何があるかは誰よりもよく承知です。

另外,金贤珍(2005)对比考察了日语与韩语两种语言中的程度副词与名词的同现关系。其中,以「勉強」为例专门讨论了有关"动作性名词"[3]的修饰同现情况。具体如下所示：

④a. 勉強は面白い。／ 공부는 재미있다.

　b. 勉強をサボる。／ 공부를 게을리하다.

　c. これも勉強だ。／ 이것도 공부이다.

　d. これも勉強になる。／ 이것도 공부가 되다.

如果将上述例句用和语副词「かなり」进行修饰的话，则会发生如下变化：

⑤a. かなり勉強は面白い。／ 꽤 값공부는 재미있다값.

　b. かなり勉強をサボる。／ 꽤 값공부를 게을리하다값.

　c. ＊これもかなり勉強だ。／＊ 이것도 값꽤 공부이다값.

　d. これもかなり勉強になる。／ 이것도 값꽤 공부가 되다값.

也就是说，仅有在动名词句「これも勉強だ」的场合，和语修饰副词「かなり」的介入不自然，即不能同现。而且，不仅仅是「かなり」，另一个常用修饰副词「とても」也同样不能同现。例如：

⑥a. 特に木曜日の「一流サラリーマンの国語講座」はとても勉強になる。

　b. ＊特に木曜日の「一流サラリーマンの国語講座」はとても勉強だ。

如上所示，虽然「とても勉強になる」是非常规范的表达，但「とても勉強だ」却是语法上不规范的表达方式。^②与此相对，对于同样的「勉強」一词，汉语副词「猛」的修饰情况如何呢？

(118) これから猛勉強だ。

(119) 涼しい部屋で猛勉強だぜ！

由上述例句可知，汉语副词「猛」与动名词「勉強」的修饰同现非常自然，合乎语法规范。

综上所述，作为动名词谓语的修饰节，汉语副词修饰节更容易同现的原因在于动名词自身的名词性。但实际上，还有一个潜在的因素也同样不能忽略，这就是文体性因素。众所周知，文体会对遣词产生影响。虽然动名词句性质上到底属于哪一种文体尚有待进一步厘清，但总体上表现出了一种书面语中常见的简洁、正式的语用特征。这类表现大多出自追求简洁，多用正式

词语的报纸类语料。因此，在较为正式的场合，语言凝练、信息载量大的汉语副词修饰节更容易与动名词谓语同现。

3.连体修饰成分

由于动名词具有名词性特征，因此句中会出现连体修饰节。例如：

①彼自身にも意外なくらいの成功です。

在例句①中，「意外なくらいの」短语显然是在修饰动名词「成功」。但在笔者所收集的用例中，伴随连体修饰节的用例极其少见。究其原因，主要在于动名词的动词性。动词性使得动名词谓语可以与连用修饰节同现，却阻碍了其与连体修饰节的同现，或者说是降低了连体修饰节的同现允许度。同时，如下例所示：

②彼自身にも意外なくらいの成功をする。
③＊彼自身にも意外なくらいの成功する。
④4歳からピアノを弾いています。もっとも、まったくの独習ですけど。

也就是说，由例句①变为例句②，作为句子仍然是合乎规范的表达，但如果变为例句③则显然不合规范，句子本身也就成了病句。具体来说，是因为在例句②的「成功をする」的形式下，「成功」保持了其名词性，或者说是动词性被最小化了，因此可以与「意外なくらいの」短语同现，而在例句③的「成功する」的形式下，「成功」是サ变动词的词干，其名词性被最小化，或者说是丧失了名词性，因此自然不能与连体修饰短语「意外なくらいの」同现。

同时，在例句④中，「まったくの」短语是修饰「独習」的连体修饰节，整句的意义可以说与例句⑤完全相同。

⑤4歳からピアノを弾いています。もっとも、まったく独習するけど。

也就是说，例句④中的「まったくの」虽然形态上属于连体修饰节但意义上却接近副词，发挥着连用修饰节的作用。另外，例句①中的「意外なくらい」性质上属于副词，是程度性修饰节，因此，只有添加了「の」之后才能修饰名词短语。

总而言之，动名词的名词性使得其可以与连体修饰节同现，而其动词性又使得实际的连体修饰节用例很少，即使有极少用例，其中的连体修饰节也不是完全意义上的连体修饰，而更多地接近于副词性修饰节。

第三节 动名词句的主谓构造

以上我们主要考察讨论了动名词句中的格标示节、时间状语修饰节以及副词修饰节等微观的内部构造。本节则从句子整体的角度出发，也就是从相对宏观的视角出发，着重讨论动名词句的外部构造。

一般而言，句子都是由主题部＋陈述部构成。我们把由主题以及对主题作出解释说明的部分所构成的句子称为题述句。对主题作出解释说明的部分由谓语以及修饰谓语的成分构成，一般称为陈述部（或解释说明部）。一直以来，日语中的句子都是基于主谓关系的不同而进行分类的。皮细庚（1997，2008）指出必须在分清题述关系的基础上理解日语的句法。本节正是基于这一观点，从动名词句的题述关系入手探讨动名词句的外部构造。

1. 有题句与无题句

针对类似「工事は、今日中に終了だ」式的句法，南不二男（1993）指出这类句式具有「一種のハンブリッド的性格の構造を持つ」（反向构造句法），并且将该句式称为"疑似名词谓语句"。也就是说，如果是一般的动词谓语句则可以直接以「終了する」结句，但该句没有使用サ变动词而是采用了「終了だ」这种「名词＋だ」的形式结句。因此，是一种动词谓语句与名词谓语句的杂糅混合形式。此外，田中（2012）也将「見出し構文」（标题句）称为「接ぎ木」（嫁接），并且将标题句定位为基于动词句与名词句的嫁接而产生的特殊句法。

通常，在题述句中，句子的主题出现时即为显题句，而当句子的主题不出现时则为隐题句。在名词谓语句中，「AはBだ」为显题句，而「AがBだ」则为隐题句。换言之，显题句是有题句，而隐题句则是无题句。当然，「工事は、今日中に終了だ」为显题句，主题为「A＝工事」、陈述为「B＝終了」。主题之后到底是接续系词「は」还是格助词「が」，会使得句子类型有所差异。如果接格助词「が」则变成了无题句「工事が、今日中に終了だ」，仅仅是对该事象的客观叙述。

这样一来，看似简单并且自由的有题与无题的变化转换可能实际上并不是那么简单。因为其中既有无法实现转换的场合又有因为一个助词（「は」或「が」）的差异而导致整个句子的信息结构（即句子的信息焦点到底在哪个部位）随之变化的场合。铃木（2010，2011）以及田中（2012）的研究都指出了新闻报道场合下的动名词句式的特点之一即"不显示主题的无题句"。

①津波で被災しながら復活したサンマ漁船が出港です。
②夏の高気圧が本領発揮です。

上述无题句如果转换为有题句则如下所示：

③？津波で被災しながら復活したサンマ漁船 は 出港です。
④？夏の高気圧 は 本領発揮です。

众所周知，格助词「が」表示主格，而系助词「は」则表示主题。菊池（1997）指出"格助词「が」是表示原原本本叙述'事态怎么样了'；而系助词「は」则是表示对话题的提示「話題（トピック）Tの提示」以及有关该'话题部分怎么了'「その話題の部分がどうしているか（コメント）C」的评述。"另外，从信息传达的角度来说，通常「が」表示未知的新信息，而「は」则表示已知的旧信息。⑳

考察以上的例句①与②，我们不难发现这里说话人意图向听话人传达的信息分别是「出港」和「本領発揮」。也就是说，谓语部分成为了句子的中心。这种场合下，"原原本本叙述事态怎么样了"的「が」完全适用，而如果转换为以上的例句③和④一样带「は」的有题句则显然不适合。

同时，在有题与无题的转换中，句子的叙述类型也同样不能忽视。例如：

⑤この家具 は イタリア直輸入です。（属性叙述）
⑥このシンポジウム は 朝日新聞社主催です。（属性叙述）

如果将上述有题句原原本本转换为无题句则是如下所示：

⑦？この家具がイタリア直輸入です。
⑧？このシンポジウムが朝日新聞社主催です。

影山（2006）将「イタリア直輸入」「朝日新聞社主催」等短语称为"外项复

合词"。并进一步指出如果将这些外项复合词代入「XはYだ」句式中则是表示对X的属性的解释说明之意。因此外项复合词比起普通的サ变动词,不仅仅是动作性降低而且几乎都不能与「する」结合,而普通的サ变动词则无一例外都能与「する」结合。

作为属性叙述的例句⑤与⑥由于分别是表示对于「この家具」与「このシンポジウム」的分类性属性的叙述,因此如果转换成⑦与⑧的无题句则明显能感觉到句子的违和感。同时,如下例所示,在这种场合下时间、空间性修饰节的介入同样不合适。

⑨＊この家具は(今朝、ジェット機で)イタリア直輸入です。
⑩＊このシンポジウムは(12月3日に、朝日ホームで)朝日新聞社主催です。

究其原因是因为所谓属性都具有一种超越时空限制、能够恒久存在的性质,而时空等修饰节往往带有现实性的、临场性的性质,因此两者的统合必然会产生抵触,使句子显得不自然。

总而言之,动名词句中有题句与无题句都有可能出现。句子到底是有题还是无题与句子的叙述类型以及句子产生的场合密切相关。在新闻报道场合,为了在传达新信息的同时能够营造对视听者冲击力,多用无题句。属性叙述的场合多用有题句而事象叙述的场合多用无题句,有题与无题的变换不仅会带来句子构造的变化,而且能引起句子意义以及信息结构的变化。

2．动名词的动作性及题述的交换性

一般认为,名词句的标准形态即「AはBだ」句式。我们通常所见的无题句「AがBだ」可以通过倒装的形式变为「BはAだ」的标准形。但动名词句由于其动词性的缘故,未必能和普通名词句一样进行倒装操作,甚至在更多的场合不能倒装。

①わたしは学生です。
②この仕事はもうすぐ完成だ。
③社長は明日アメリカへ出張です。

例句①是普通名词句,而例句②③则是动名词句。Vendler(1967)根据

体态属性将动词划分为状态（states）、到达（achievements）、活动（activities）、达成（accomplishments）四个种类。对照上述分类，例句②的「完成」应该属于动作性较低的达成动词，而例句③的「出張」则是属于动作性较高的活动动词。将例句①②③依次进行倒装操作，就能产生以下例句④⑤⑥句式。

　　④学生はわたしです。
　　⑤？もうすぐ完成はこの仕事だ。
　　⑥＊明日アメリカへ出張は社長です。
　　⑦？明日アメリカへの出張は社長です。

从作为句子的稳定性来看，例句④高于例句⑤而例句⑥则完全是病句了。另外在例句⑦中，「の」的介入，虽然在一定程度上降低了「出張」的动作性，但该句作为句子的稳定性仍然有待探讨。也就是说，动作性越高，题述的交换性就越低，动作性与交换性成反比例关系。关于这一点，我们可以通过动词谓语句进行验证。

　　⑧彼は行く。
　　　　⇓
　　⑨＊行くは彼です。
　　　　⇓
　　⑩行くのは、彼です。

显然，倒装操作后例句⑨成为了病句，而例句⑩则是句法规范正确的句子。究其原因就是因为由于「の」的介入使得动词「行く」形式名词化了，从而消弭了其动作性。

总之，正如南不二男（1993）将动名词句命名为"疑似名词句"一样，处于谓语位置上的动名词由于兼具动词性和名词性这一双重性特征，而基于动词性的动作性则是题述能否互换的关键所在。动作性越高，题述的交换性就越低，动作性与交换性成反比例关系。

本章小结

本章对句中格标示节、时间状语节、副词节等微观层面的内部构造以及

句子整体的题述构造等宏观层面的外部构造进行了深入讨论。概括而言，日语的动名词虽然在形态上属于名词，是名词的下位分类之一，但由于其动词性的缘故，动名词在句中能和动词一样生成自己的投射，能够承接各种格助词句节，在句法上能够生成几乎和动词完全一致的"格句节＋修饰句节＋动名词谓语"句式，但由于双重性的缘故，动名词句在句法上具有以下独特性。

第一，动名词句的谓语部分由于具有动词性（＋V），充当谓语的动名词自身具有格赋予的能力，能拥有几乎和动词完全相同的「が、を、に、へ、で、と、まで、から、より、の」等格成分。这与普通名词句或形容词句完全不同，充分显示了动名词句的独特性。

第二，由于动名词句既有可能属于属性叙述又有可能属于事象叙述，因此其修饰成分的同现表出了一定的差异性。在事象叙述的场合，时间、空间等修饰成分能够很自然地同现；但在属性叙述的场合，时间、空间性修饰成分的同现则表现出一定的限制性。另一方面，动名词句虽然与动词句有着几乎相同的格成分（连用修饰成分），但其副词性连用修饰（特别是和语副词）成分则远远低于动词句。这与普通名词句完全相同，也从侧面证明了动名词的名词性（＋N）也参与了动名词句的句法构造。

第三，普通的名词句及动词句除了都具有肯定与否定的对称性之外还具有中顿、并列、顺接、逆接等语用形式，但在动名词句中，虽然未必都如铃木（2010）以及田中（2012）所指出的"（动名词句）不以过去式或否定式的形式出现"，但从整体上来看，确实极少出现诸如否定式[①]以及中顿、并列、顺接、逆接等形态。也就是说，动名词句在句法形态上缺乏多变性与柔软性，常常给人一种生硬、单一的印象。

第四，动名词句既有可能是有题句又有可能是无题句。句子有题或是无题与句子的叙述类型以及使用场合密切相关。同时，句子的有题与无题的互换，不仅会对句子的构造产生影响，也会对句子的意义以及信息构造带来影响。

第五，动名词的动作性使得动名词句未必能和普通名词句一样进行倒装操作。动名词的动作性越高，题述的交换性就越低，两者成反比例关系。

【注释】

① 本章部分内容摘引于《现代日语动名词句的句法研究》，载《日语学习与研究》，2017年第6期，第1—8页。

② 如前所述,这里的借用动词相当于本书的动名词。

③ 与此概念较为相似的有仁田义雄(1980)提出的结合价理论。结合价理论是基于这样一种假设而产生的:当某个词语在句中作为主要要素(governor)发挥作用时,根据该词的语义,可以推定与该词共起、整合构成短语或句子的各从属性要素(dependent)的种类、数量等都是相对固定的。

④ 关于"含义范畴",庵(2008)并没有展开详细的论述,但从前后文来看,这也是与"词汇概念构造"很接近的概念。

⑤ 有关庵(2008)的自他动词判断标准,请参考庵(2008:49)。

⑥ 小林(2004)指出"自他同形"有如下的场合:
　　「する」という動詞が不規則に活用する。(自動詞)
　　太郎がその土地を有効に活用している。(他動詞)
另外,白川(2004)指出自他同形方面「解決、開店、拡大、確定、加速、完成、継続、中断、停止」等。

⑦ 关于这一点,影山(1993)指出,「立ち読み」之类,实际上并不是如「＊立ち読む、＊貸し借りる、＊がぶ飲む」一样由相对应的动词直接派生而来的,而是由各自的前一部分动词与后一部分动词分别名词化之后复合压缩而成的,因此没有格成分理所当然。但尽管如此,本书需要指出以下两点:
　　第一,不能单纯因为没有ヲ格就引导出"没有格成分"的结论,实际上ノ格也是格成分之一。
　　第二,这种场合之所以没有ヲ格是因为比起动名词(＋VN),这些词语的「＋N」属性比「＋V」属性强,不能支配动词性强的ヲ格,而能支配名词性强的ノ格的缘故。

⑧ 关于ノ格,请参考"ノ格句法"。

⑨ 需要说明的是,在这种场合本来「お/ご～になる」以及「お/ご～下さい」句式与本书讨论的焦点「動名詞＋だ」句式也就是动名词谓语句并无关系,但是基于这两个句式我们可以验证动名词「検討」的格赋予能力,因此这里特举此例说明。

⑩ 「後」的发音分为「ご」和「あと」两种,「犯人を捕まえたあと」是正常的表达,但是「犯人を捕まえたご」却不是正常的表达。

⑪ 在新闻的标题后添加「です」构成的句式叫做「見出し構文」(标题句)。句末是「事象名詞＋です」形式的"新闻标题"的表现形式。

⑫ 本节所采用的例句中,凡没有标注出处的大多出自铃木(2010)以及铃木(2011)。另外也有一部分出自网络的新闻语料搜索。

⑬ 三上章(1975)指出"动词句(叙述性的)与名词句(概念性的)的区别非常重要。这里需要指出动词句、名词句与提题(主题提示)的关系;名词句通常都是有题句而动词句却是无题句和有题句几乎各占一半"。但对于动名词来说,由于动名词自身的「＋N」「＋V」属性的关系,到底是有题还是无题确实具有相对中间性倾向。

⑭ 这里的"动名词＋の"是指"动名词＋の＋单纯名词"句式。

⑮ 高桥叶子(2006)指出这种现象是由于「の」的脱落而形成的,并且「の」的脱落仅仅依据项构造上的条件是不能充分说明的,意义上的条件也有很大的关联性——N1 与 N2 的意

义关系明确,并且很明显就能判断出来 N1 是 N2 的外项或内项。当然,本书对于「の」的脱落不做赘述。

⑯ 语法格是指「が、を」,意义格是指「に、から、と、へ、で、の」。

⑰ 当然,杉冈(1989)并没有直接使用"动名词"这一称谓,而是采用了"从动词派生而来的词"这一称谓。

⑱ "这种名词"即是指"从动词派生而来的词"。

⑲ "?"在本书中表示该表达接受度低。

⑳ 本书所指的"同现"与「たぶん…でしょう」式的陈述副词与情态的同现以及「めったに…ない」式的副词与否定式的同现不同,不是表示"一方怎样另一方面肯定怎样的"意义,而是指两个成分共同修饰某一事态的意义。

㉑ 关于属性叙述与事象叙述,益冈(1987)指出属性叙述即"以属于现实世界的、具体的、实在物为对象,将其作为主题提出,叙述其所具有的某种属性的叙述方式";而事象叙述则是指"叙述在现实世界的某一时间或空间中实现或存在的某一事象(动态或静态)的叙述方式"。

㉒ 实际上,按照不同的标准,副词可以划分为不同的种类。如《日本语教育事典》(1982)将副词划分为情态副词、程度副词以及陈述副词三种类型。

㉓ 也就是说,在动词句的场合,由于副词之于主要成分动词的从属度较低,因此难以预先充分指定副词与动词的同现关系的具体情形。

㉔ 这里所说的汉语不是基于词源的历时性概念,而是现代日语中日语使用者所能意识到的共时性的概念。本书不以「もちろん」「せっかく」等词作为考察对照,其理由在于这类词在现代日语中通常以假名书写,其属于汉语词汇的公共意识已经非常淡薄了。

㉕ 有关数据请参考王信(2005:103)。

㉖ 补充说明:铃木(2010)的用例总数为 44 例,其中,伴随副词修饰节的仅有 9 例。在这 9 例中,和语副词修饰节仅有 3 例。

㉗ 当然,汉语副词「直接」可以修饰非动名词谓语「目的です」,形成「直接目的です」句式。但实际上在这种场合,「直接」已经不是连用修饰语而是连体修饰语了。也就是说,「直接」的修饰范围可以区别如下:

非动名词谓语:〔直接目的〕です。——→连体修饰

动名词谓语:直接〔交渉です〕。——→连用修饰

㉘ 即本书中的的"动名词"。

㉙ 关于这一点,金(2005)指出:"类似「勉強」这一类的名词,即便是和判断词连用构成「勉強だ」的形式,也只是指明了其属于特定的具象名词,而不能产生带有程度性的形容词性意义,因此,不能由程度副词进行修饰。"

㉚ 有关因为「は」与「が」的差异而引起的句子意义、信息上的差异将在本书的第八章详细论述。

㉛ 有关否定式,请参考第六章第三节"动名词与否定"。

第六章
动名词谓语句的语法范畴

在句子中,句子的语法特征都是基于谓语的不同形式而实现的。本章着重讨论动名词在做谓语时所带有的语法特征以及其表现形式。

第一节　动名词与词类的转化

玉村(2002)指出,"不管在哪种语言中,在词汇分类中占据一大半的都是名词。"[①]和玉村的观点一样,名词性表达的丰富程度被认为是近代语言的特征之一。名词性表现不一定总是表现出名词的形式。其中存在所谓"词类的转化",不仅在日语中经常出现,在世界的任何语言中都是普遍现象。本章并不会全面深入讨论词类转化,但是,笔者认为有必要多少分析一下伴随动名词所产生的词类转换。

1. 动词的名词化

首先分析的是动词的名词化。西尾(1997)指出:"日语中,在动词名词化的情况下,动词诸多活用形式之一的连用形很早便以其原本形式转用为名词。这种简单的方式古往今来一直沿用。"室山(1984)指出:"生活用语中存在大量和语的最大原因是,以动词连用形为核心,可以满足能够创造出大量名词的造词法需要的缘故。"诸如此类,可见动词连用形的名词化在日语中可以看成是语言派生现象中显著的一类。[②]

(1)宿としては溜った払いも払いだが、ここでお産されたりしたら第一閉口なのであろう。

(2)仕事は8時までで終わりだ。

(3)まもなく、終着駅青森でございます。長途の御旅行お疲れ様でした。なお青函連絡船で函館にお渡りの方は、旅客名簿にご記入を願います。ただいま、お手もとに用紙を持ってまいります。

(4)あなたがお知りになりたいことは、よく分っております。もうすでにご存知でしょうが、わたしはあなたが読心能力をお持ちだということも承知しておりますので、本来ならばあなたのお知りになりたいことを心に思い浮かべるだけでよいのかもしれません。

正如上述例句所示，像「払う→払い」「渡る→渡り」「持つ→持ち」这种方式所形成的名词，在古代语法曾被叫做「居体言·仮体言」等，既然是表现动作，自然也就属于本书的动名词范围之中。

关于动词名词化的语法影响，谷口(2007)考察了动词连用形的名词化允许度、意义的转化以及与动词性表现的语感差异。根据谷口的考察，某些动词基于连用形名词化后，经常会出现该动词原本词义的派生性、抽象性的词义演变现象。与动词原本产生的突变性相比，动词连用形名词化表现具有相对正式的表达功能。一般情况下，比起动词性表现，名词性表现让人感觉更加简洁紧凑。

需要指出的是，动词连用形在句法上成为名词时，尽管仍具有动作性，但已经丧失了与时态要素直接关联的可能性。即使将其作为谓语使用，一般认为与时态词相关联的是系助词。因此，田川(2008)认为："这里重要的是，连用形本身并不具有名词化功能。反而，形成连用形名词时，只有基于形态论形成的结果，连用词才能得以出现。"

2．名词的动词化

第二部分为名词的动词化。在日语中，名词的动词化有两种形式。一种是类似「牛耳＋る＝牛耳る」「ダブ＋る＝ダブる」「アジ＋る＝アジる」「もくろ・む＝目論む」「そうぞ・く＝装束く」这样在词尾添加「る」「む」「く」的形式；另一种是类似在「汗」「値」「涙」等单纯名词后添加「する」构成「汗する」

「値する」「涙する」实现动词化的形式。但在日常的语言生活中,「サ变動詞語幹＋する」这种动词化的形式无疑占绝大多数。

根据『新潮現代国語辞典』的统计,在 77000 个词汇中,动词有 15506 个③。而且在 15506 个动词中,サ变动词有 10519 个,细目如表 6.1 所示。

表 6.1　サ变动词的明细

语种	词数	比率
汉语	8408	54.2%
和语	1546	10%
外来语	311	2%
混合语	254	1.7%

如表 6.1 所示,在动词转化为名词、名词转化为动词这种词类转化中,虽然都存在基于词形变化而产生的词性变化,但其中动名词无疑发挥着桥梁般的重要作用。此外,正如尹亭仁(2003)、若生正和(2008)直接把「サ变動詞語幹」称为「漢語動名詞」一样,在动词与名词的词性转化中,动名词是不可缺少的存在。

第二节　动名词与体态、时态

体态这种现象一般以动词为对象,是用来捕捉某一动作开始、继续、结束等阶段(或局面)的现象,主要是通过完成体与持续体的对立来实现的。是表达"把握某一事物时间性展开(内在时间)方法"的语法范畴。

在描述事物时,动词(特别是动态动词)通常置于时间轴中,与时间要素有着重要的关系。因此,语言研究领域出现了与时间有关的体态及时态的语法范畴。另一方面,动名词所表示的动作或变化也存在与时间关联的阶段性特征。因此,动名词中的开始、继续、结束等状态(阶段)是可以从体态的视角进行分析的。

正如前文分析指出的那样,动名词从本质上并不是动词,与动词、形容词不同,没有词尾的变化,不能与表达时、体、态等语法范畴的助动词连用。因此,为了表示动名词的体态,就必须与"某些具有时态性的词汇性接辞"④在日语中,通常会通过在动名词词干⑤后加「未」「中」「後」等接辞的方式来表达

动名词句的体态。以下按照「未VN」→「VN中」→「VN後」的顺序讨论、检验动名词句的体态特征。

1. 未完成的「未＋VN」

野村(1973)指出"与「未」复合的全都是动作性词汇。复合词表达的意义是直到某个时间点为止该动作并没有完成"。水野(1987)指出:"「未」基本上只与用言类结合,赋予该词干所表达的动作还没有进行完的意思。"能与接头词「未」结合的词汇为表示动作的「漢語動名詞」,「未＋VN」的结构表示该动作尚未完成。

(5)その他にも、私には三つ、四つ、そういう未発表のままの、謂わば筐底深く秘めたる作品があったので、おととしの早春、それらを一纏めにして、いきなり単行本として出版したのである。

(6)契約が成立したならお話できますが、私のは未成立ですから、公表できません。球団の秘密なのです。

(7)之は一方から云ふとわれわれ日本人の罪でありますが、又同時に日本の新らしい芝居と云ふものがまだ歌舞伎や能狂言の両方に比べますと云ふと、其の色彩が全く薄れる位に未完成であることが原因です。

(8)二人ながら生活においては未熟練で、感情的で、互に「他人よりわるい」場合が頻出するのですね。

(9)未完成でした仏堂の装飾などについて、いろいろ指図を要することがありまして、…

如上所示,接头词「未」表示"时间还未到、事件还未终止"之类的否定意义,表示后续动名词的动作的尚未完成。以下为经常使用的词例。[6]

未解決	未確認	未完成	未経験	未現像	未合意	未公開
未公認	未償還	未承認	未処置	未処理	未審議	未成年
未成立	未組織	未治癒	未徴収	未提出	未配属	未発表
未発見	未発達	未利用	未払い	未封切り	未チェック	

与动名词结合的否定接头词除了「未」以外,还有「無」「不」「非」等三种。

(10)彼は、子供に対してまったく無理解だ。

(11)此の間申上げました私の上京について申上げますが、お父上様は御不賛成だといふ事で、私大変心細くなりました。

(12)判決は非公開です。

野村(1973)指出,否定性接头词与动名词的结合率为:「未」96%>「無」47.9%>「不」>39.6%「非」>14.1%。另外,根据笔者的调查,「非＋动名词＋だ」的实例非常少,而且不表示动作,仅表示属性。因此本书中仅视需要而提及。

另外,本节围绕体态展开,因此举例仅涉及表示未完成的「未」,而关于动名词的否定形态,会另行分析。

2. 持续的「VN＋中」

在发音方式中,「中」有「チュウ」和「ジュウ」两种发音。由于「チュウ」表示时态中的「ている」,因此,我们无法否定要素「中」的时态性关联因素。当然,与动词时态的「ている」相比,「中」用汉字的形式书写直接增加了动名词的持续、进行的意思。从这一点来看,比起「ている」,「中」按照本身的汉语意义,直接赋予了所接续的动名词以意义性的时态感。

2.1「中」的复合词干

水野(1984)讨论了「チュウ」和「ジュウ」的区别,按照水野的说法,「ジュウ」的使用顺序排在第147位,使用次数为100,和「チュウ」相比,使用率极低。换句话说,接辞「中」在日语中是使用率较高的结尾词之一,能与「中」结合的词干如表6.2所示。

表6.2 「中」的结合词干

前项词干的种类		词例
汉字	一字汉字	庫中、海中、山中、在中、書中、暑中
	二字汉字	海水中、期間中、工事中、研究中
外来语	——	レース中、ダイヤル中、プレゼント中
和语	单纯动词连用形	考え中、話し中[①]
	复合动词连用形	受付中、貸出中、受入中、売出し中

如表6.2所示，能与接辞「中」结合的词类分为汉字、外来语、和语三种。大致上可以分为动名词词干与非动名词词干两大类别。与之相关，文（2000）分析了「漢語語基＋中」的结构和意思，将该结构中的汉字词干根据其词性分为名词词干和动名词词干（表6.3）。

表6.3 「中」的用法及词干分类

「中」的用法	词干的分类	
空间性用法	事物性词干	名词性词干
	场所性词干	名词性词干
时间性用法	时间性词干	名词性词干
	事件性词干	动名词性词干

此外，即使是「VN＋中」构造，也并不是所有动名词都能无条件地与「中」复合。关于事件性的动名词词干，文（2000）指出："根据其动词性性质（单词性体态）决定是否能与「中」结合。因此，能与「中」结合的词干仅限于表示'动作持续'和'结果持续'的词干，认知上是要在其词干上要求具备时间上的延展幅度。"

正如前文所述，「中」是使用率很高的接辞。实际上，即使是在「コト性語基：動名詞性語基」（事件性词干：动名词性词干）的场合，其使用率依旧很高，例词也非常丰富。以下为这种场合下的词例。⑧

营業中、運転中、授業中、運動中、研究中、移動中、案内中、依頼中、改革中、解説中、拡大中、観察中、議論中、訓練中、警戒中、継続中、減少中、攻撃中、更新中、進行中、作成中、実現中、実施中、支配中、上演中、使用中、準備中、推進中、製作中、生産中、製造中、整理中、接近中、接触中、説明中、前進中、宣伝中、入院中、送電中、増加中、組織中、対立中、担当中、捜査中、追及中、通過中、通行中、展開中、転換中、接続中、電話中、組立中、派遣中、発生中、発展中、反対中、普及中、分裂中、保護中、保存中、模索中、輸入中、輸出中、要求中、要請中、要望中、留学中、利用中、連絡中、朗読中、論議中、操作中、開会中、帰宅中、故障中、妊娠中、在学中、更新中、発酵中、優勝中、化粧中、お仕事中、受付中、貸出中、受入中、売出し中、品切れ中、アタック中、オンエア中、コーナリング中、ゴルフ中、レース中、ジョギング中、ドライブ中、パトロール中、ミーティング中、ランニング中、リハビリ中　等

另外,在「動名詞＋中」中,从构句功能上来看具有可以构成时间连用修饰节的情况。例如「私のように戦争中も戦争後も天皇を神様だとは思わず、…」⑨「麻子が戦後史を研究中に、機密文書が公開された」「麻子の戦後史の研究中に、機密文書が公開された」⑩等,由于这些情况下的「動名詞＋中」不是位于句末,而是出现在句中,因此在后文的第七章中另行讨论。

2.2 「中」的时间要素

动名词与汉语接辞「中」结合,为了构成"时间性用法",该动名词必须是基于时间变化而"生成一定的时间性范围(幅度)"。佐伯(2005)分析了在什么样的情况下动名词会接续「中」,指出动名词接续「中」的条件为"动名词所指示的事件的动作过程或结果状态能够具有限定性时间幅度"。此外,为了调查适应这种条件的动名词的特征,佐伯(2005)将动名词所指示的时间构造总结为四个类别([±過程の時間的な幅][±過程の終了][±結果状態][±結果状態の終了],四个类别属性的组合又生成了7种类型(A～G)。根据佐伯(2005)的分析,能够具有限定性时间幅度的动名词形成了[＋過程の時間的な幅][＋過程の終了]或[＋結果状態][＋結果状態の終了]的模式。

一直以来,我们在考虑动词意义时,都可以从体态方面进行考察。上述动名词词干由于"生成一定的时间性范围(幅度)",自然也可以从体态的角度加以考察,例如:

(13)彼女は控え室で化粧中だ。(過程持続＝進行相)
(14)彼女は今,控え室で化粧している。(過程持続＝進行相)
(15)今日の彼女はばっちり化粧している。(結果状態持続＝結果相)
(16)＊今日の彼女はばっちり化粧中だ。

例句(13)和(14)虽然在形式上谓语部分分别为「化粧中だ」和「化粧している」,但意思完全相同。与此相对,虽然都为「化粧中だ」和「化粧している」,但例句(15)是语法上很自然的句子,而例句(16)却很不自然。究其原因,例句(15)的「化粧している」为"完成式",也就是表达"化妆后"的状态,而例句(16)的「化粧中」表达的是"进行式"。也就是说,「化粧している」可以表达从开始化妆到结束化妆的过程以及化妆后到卸妆为止的结果状态。而「化粧中」只有表示过程的用法,不具有结果转化的用法。因此在这样的情况下,

「化粧中」与「化粧している」无法替换。

文(2000)强调指出,在能与「中」结合的动名词中,"具有一定的时间性范围(幅度)"的属性尤其必要。也就是说,类似「＊結婚中、＊卒業中、＊完成中」等没有时间性范围的瞬间动词,与「中」的结合就显得不自然。另一方面,佐伯(2005)指出,既然强调时间幅度,那么"动名词＋中"的谓语构成方式无疑发挥着「过程的持续＝进行式」(如"化粧中"等)和「结果状态的持续＝完成式」(如"故障中"等)等时态功能。

当然,究竟在哪种情况下是表达"进行式",哪种情况是表达"完成式",文(2000)以及佐伯(2005)都没有详细说明。笔者认为这应该基于动名词本身的性质来决定。具体说来,Vendler(1967)尝试过按照时态给动词分类,具体分为:状态(states)、到达(achievements)、活动(activities)、达成(accomplishments)四种。在日本,金田一(1950,1970)把动词分为"状态动词""持续动词""瞬间动词""第四类动词"。而且,金田一又把时态分成"状态相关的时态"以及"动作相关的时态"。以下为 Vendler(1967)分类标准下动名词与「中」的结合词例。

　　达成动词:完成している　＊完成中　卒業している　＊卒業中
　　　　　　理解している　＊理解中　感動している　＊感動中
　　活动动词:研究中　運動中　改革中　解説　等
　　到达动词:故障中　中断中　凍結中　閉鎖中　等
　　状态动词:滞在中　滞米中　在学中　在任中　留守中　存命中　等

根据 Vendler(1967)的分类,"达成动词"不具有"时间幅度",因此无法与「中」结合。另一方面,在具有时间幅度的"活动动词"和"到达动词"以及"状态动词"[⑪]中,"活动动词"的场合表达"进行式"而"到达动词"和"状态动词"的场合则表示"完成式"。[⑫]

　　(17)列車が駅を通過中だ。この入り口は現在閉鎖中だ。
　　(18)部屋を冷房中ですので、窓を開けないでください。
　　(19)このエレベーターは故障中です。
　　(20)「それで只今のお仕事は」「今は航空研究所の依頼品を監督して組立中です。何ものであるかは一寸申上げられませんが、航空機であることはたしかです。」

(21) 一方、ライバルのダイエーは、1万円分の買い上げごとに500円の買い物券を渡すセールを年末まで実施中だが、10日から13日までの4日間、イトーヨーカ堂との競合店が多い関東地区の83店で、さらに高額の買い物券が当たるくじ引きを追加する。

(22) この商品はただいま入荷中です。

(23) 彼は、奥さんが入院中です。

(24) 試薬をかけた断面が（徐々に）変色中だ。

(25) 特にほめられる成績ではないが目下4年連続優勝中。

(26) 本場のusショップより、最新のアイテムがいろいろ到着中！

(27) 本物時代が幕をあけた―究極の技術やシステムが続出中

(28) 来月には芸能人のキャラクターグッズを扱う都内のタレントショップなどにも首相をモデルにした「トンちゃん人形」を並べることを検討中だ。

在上述例句中,「通過」「組立」「続出」「検討」等均为活动性动名词,「動名詞＋中」结构表达进行式,而「入院」「閉鎖」「冷房」「故障」「変色」「優勝」均为状态动词,「入荷」「到着」等为到达性动名词,因此「動名詞＋中」结构都表示完成式。

2.3 叙述的类型与「～中」

正如前文分析,「中」与具有时间幅度的动名词词干相结合,表达完成式或进行式。可以说这是从"词干"的视角进行的研究。实际上,也可以从叙述类型的构句视角来验证「VN＋中」的时态性。

影山(2006)将叙述类型分为「事象叙述」和「属性叙述」两类,考察了各种类型中动名词与「中」的结合性。

事象叙述：父は（いま）病気中です。

属性叙述：＊父は（いま）男性中です。

正如前文所述,「～中」表示事件、状态目前正在进行。因此,具有时间幅度性(病前―病中―病后)的「病気」就可以与「～中」结合。与此相对,「男性」是一个超越时间的永恒的状态,是不具备时间幅度的。因此不能与「～中」结合。由于下列例句都属于事象叙述,因此都可以与「中」整合,表达持续的状态。

(29)朝日新聞社は(いま)公開シンポジウム(を)開催中です。
(30)横尾忠則氏は、(いま)ポスター(を)製作中です。
(31)木村拓哉は、(いま)朝の連ドラ(に)主演中です。
(32)レストランではスイス料理フェスティバルを開催中だ。

在这些例子中,「公開シンポジウム開催」等动名词句与普通的句子一样,属于单纯地表示事件的事象叙述,因此可以与「～中」内在的事象叙述功能整合。而在超时间性的属性叙述场合,与「中」的结合则是不合语法的。例如:

*この公開シンポジウムは、(いま)朝日新聞社開催中です。
*博覧会のポスターは、(いま)横尾忠則氏製作中です。
*新しいホテルは、(いま)安藤忠雄氏設計中です。
*今放送されているドラマは、木村拓哉主演中です。

但是,以上「朝日新聞社開催」等外项复合词如果插入主格助词「が」,则又能成为合乎语法规范的句子。例如:

この公開シンポジウムは、(いま)朝日新聞社 が 開催中です。

博覧会のポスターは、(いま)横尾忠則氏 が 製作中です。

新しいホテルは、(いま)安藤忠雄氏 が 設計中です。

今放送されているドラマは、木村拓哉 が 主演中です。

也就是说,通过插入表示主语的ガ格,「朝日新聞社が」成为了「開催」的动作主体,从而失去了「朝日新聞社開催」等外项复合语的资格,使得「朝日新聞社開催」成为了事象性叙述,因此可以与「中」结合。下面为实际用例。

(33)今回の米朝協議の核心は、金昌里に北朝鮮が建設中の地下施設にあった。

(34)ちょうどその頃、かつて楡家の当主基一郎がその土地を測量中に倒れた松原の病院、今は松沢病院梅ヶ丘分院となっているその病院は、猛火のただ中にあった。

(35)調べによると、川端容疑者は女児を連れ去って2日目の昨年12月21日の午後8時32分から2分間、女児の母親が要求通り身代金

4200万円を積んだタクシーで摂津市内を<u>移動中</u>に、携帯電話で母親に「警察に電話したやろ」という内容の電話をかけて「生年月日を言え」と指示した、とされる。

如上述例句所示，不管是小说还是新闻，词素「中」与事象叙述的「動作主＋が＋動名詞」结合，具有时态中的「ている」之意，因此实现了词素「中」与时态的关联。

2.4 小结

在本节中，围绕着「動名詞＋中」结构，从词干这一词汇性层面以及叙述类型这一构句层面进行了考察，得出的结论如下：

第一，「中」前面的动名词不管是瞬间、非瞬间，还是意识或非意识[13]，该动名词所指示事件的动作过程或结果状态必须具有一定的、能够界定的时间幅度。对于这种"可以界定的时间幅度"而言，应该关注的节点是终点。也就是能限定各阶段的终点的过程、结果状态的完成界限。能界定时间幅度的动名词可以在词尾加「中」。[14]

第二，「動名詞＋中」表示动作或状态的持续。这种"持续"分为动作的持续（进行式）与状态的持续（完成式）。在动作过程中，持续是自然而然的，但在过程终止后的持续即为结果状态，实现了状态的持续。[15]

第三，在构句方面，词素「中」含有"事象叙述功能"，能与同样是事象叙述的「XはYだ」结合，但无法与属性叙述的「XはYだ」结合。

3. 完成的「VN＋後」

在发音上，「後」有两种发音，分别为「ゴ」和「アト」。在词义上具有空间性和时间性[16]，能与动名词结合的为「後（ゴ）」，其与动名词的结合可以表达"动作进行之后"的时间性意义。也就是说，表示该动名词所指示动作的完成。

结尾词「後」与动名词结合，虽然有如例句(36)一样作为句末谓语使用的情况，但是作为连用性时间副词节用于句中的情况则占绝大多数，在这些句子中，信息传达的焦点往往在后半句中。

(36) 勤行と書いたのは<u>剃髪</u>後だからである。

(37)私は彼女の家に養子に迎えられたものですが、結婚後二年ほど過ぎると両親が相前後して死に、私たち二人きりの身うちとなりました。

(38)大祭に参加後、すぐ六人ともカナダの北境を探険するという話でした。

(39)太田は服役後、はじめての真夏を迎へたのであった。

(40)大学を卒業後、金が必要になったら働いて、あとは遊んで暮そうと思っている者もいた。

经常使用的词例包括「卒業後、結婚後、放課後、成立後、解散後」等,和「～後」相似的还有「～済み」。

4. 完成的「VN＋済み」

显然,与「～後」不同,「～済み」只表示"动作的完成",作为句末谓语使用的例子要比「～後」多得多。例如:

(41)「お聞き済みでございましょうか」「ああ」とばかり答えたまう。

(42)卯一郎それやもう、試験済みだ。

(43)しかし若鶏の肉にも似ているが、鯏の刺身のようでもあるのう、貴公はもう試食済みか。

(44)最近に聞いたレコードの文句を夢うつつにハッキリと繰返す事実が、モウ東京の大学で実験済みなんだ

(45)「あの事件は、もう解決済みじゃなかったかね」そう云って喬介は、無愛想に雄太郎君へ椅子を勧めた。

(46)香子「ツル長さんがね、午前中お休みなんだって…正午まで一人でパトロールしていて下さいって…本部にはもう了解ずみだからって…」

(47)当然、それは、そうなる筈だ。それについては、艦政本部とすでに打ち合わせずみで、一人一人の身許を調査した上で、さらに絶対に口外させないよう宣誓をさせることになっている。

(48)それくらい、とっくに調査ずみです。

如上述例句所示,从意义上来说「動名詞＋後」和「動名詞＋済み」都表示

该动名词所指示事件现在已经结束，或者是其状态还在持续之意。这与「動詞＋た・ていた」有着相似的意义。因此，可以说「動名詞＋後」和「動名詞＋済み」表达了时态的完成式或进行式。

5.时态性接辞的句法构造

在叙述事件时，动词通常置于时间轴中，与时间有着重要的关系。因此，出现了与时间有关的体态、时态等语法分类。但是，在本身不具备时态性接续功能的动名词的场合，表示时间的「未、中、後、済み、の上、の際、の折」等的外部接辞可以赋予动名词以体态、时态性特征。这些接辞和「る、ている、た」等形态性要素相同，都表示意义上的体态与时态，从而赋予动名词相应的语法功能。因此，我们将这类表达时间的要素称为时态词。以下我们尝试考察这些时态词的具体语法性句法构造。

关于「先生がアイヌ語を研究中」，Iida(1987)认为正是由于和具有时态性的接辞「中」结合，"研究"一词才有了「ヲ」格。这种观点可以图示如下：

图 6.1　Iida(1987)的结构

此外，影山(1993)以及石立珣(2009)指出，在「動名詞＋中」结构中具有两种复合形式，分别是词汇层面的复合和句法层面的复合。根据这一观点，Iida(1987)的"研究"就不单纯是与接辞「中」的词汇性结合，而是有着连用格的句法性复合。因此，其正确的构造可以图示如下：

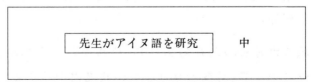

图 6.2　石立珣(2009)的结构

石立珣(2009)认为："名词在句中承接连体格，不能承接连用格。因此，显然 Iida(1987)主张的「研究中」承接「先生がアイヌ語を」的「ヲ格」这一观点是矛盾的。"根据这一观点，石立珣(2009)指出「先生がアイヌ語を研究中」的句法构造应该是如图 6.2 所示。

的确,如「机」「私」等单纯名词在句中只能承接连体格,不能承接连用格。但是,在具有二重性特征的动名词的场合,由于具有动词性,因而动名词具有格赋予的能力。也就是说「研究」这样的动名词本身,即使不和时态词「中」结合,也能承接连体修饰成分「アイヌ語を」。换言之,动名词「研究」即便不具备动词的活用形态,也能承接连用格,形成独立的投射。「アイヌ語」是「研究」的内项投射,「先生」则是外项投射。整句话是基于连用性修饰关系形成的副词短语。因此,「先生がアイヌ語を研究中」的正确的句法构造应该是如图6.3所示:

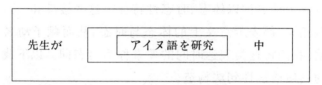

图 6.3　唐千友(2013)的结构

与此相对,在「先生のアイヌ語の研究中」句节中,「研究」不是承接连用节而是承接连体节,单纯地表现出名词性,整句话是基于连体修饰关系而形成名词短语。这种情况下,「中」与「空—中」「年—中」等一样,是基于词汇性复合,形成了类似派生词的词汇。因此,其句法构造可以图示如下:

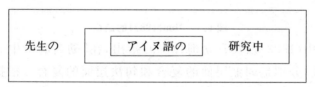

图 6.4　「先生のアイヌ語の研究中」的结构

以下继续考察「の上、の際、の折、の末、の後、の度、の間」等时态词场合下的句法构造。例如:

(49)開戦三カ月前の九月のある日、柱島から上京の際、彼は笹川を芝の水交社に呼んで、開戦が避けがたい状況になって来たことを述べ、(後略)

「の際」本身不仅有词汇性意义,也同时具有表示时态、体态的意义功能。这里的动名词「上京」承接「柱島から」这一连用格,表示「柱島から上京した」之意,构成了「際」的连体修饰语。因此,在这种情况下,其句法结

构可以图示如下。

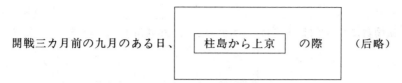

图 6.5 「柱島から上京の際」的结构

这种情况下,如果不是「柱島から上京の際」,而是「柱島からの上京の際」的话,那么这句话就变成了基于连体修饰关系而形成的名词短语,句法构造也变成了如下图所示:

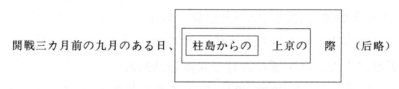

图 6.6 「柱島からの上京の際」的结构

以下考察代名词后续「～後」与「～済み」等情况下的句法构造。例如:

(50)そして、長浜沖に碇泊後、再びトラックに向けて出発した。
(51)激励賞については、すでにエディと相談済みだった。

在例句(50)中「碇泊後」为「碇泊した・停泊していた」之意;在例句(51)中「相談済み」表示的是「相談した」的意思。两者都有「動詞＋た・ていた」的意思。因此,我们知道「動名詞＋後」和「動名詞＋済み」便都是体态中完成式和进行式。而在语法功能上,「後」、「済み」都起到了表示时态、体态意义的功能。

但是,如果从语法结构上看,「後」可以单独使用,而「済み」必须和前项结合使用。因此,「～後」形成句法构造,而「～済み」则只能构成词汇性结构。两种结构如下图所示:

图 6.7 「長浜沖に碇泊後」的结构

图6.8 「エディと相談済み」的结构

6．小结

　　动名词具有「＋V」的性质，其表示的动作与变化都能界定时间轴以显示该动作或变化的展开、发展、结束的过程。但是，由于动名词本身不具有时态性词尾变化，因此只能基于时态或体态性接辞，以「未＋VN」「VN＋中」「VN＋後」等形式来表示动作进行的时态或体态性侧面。

　　「中、後、済み、の上、の際、の折」等由于是表达体态、时态性要素，因此在"动名词＋时态词"结构中，不但能发挥各自的体态、时态性语法功能，也能形成不同的句法构造。

　　可以说，这些在口语中频繁使用的接辞客观上缩短了动名词句与平常语言生活之间的距离感，因为动名词句通常给人以书面中常见的简洁生硬感。

第三节　动名词与否定[17]

　　不管在哪种语言中，肯定与否定的对立都是很常见的。在日语中有各种各样的否定方式：名词为「学生だ→学生ではない」；动词为「行く→行かない」等。动名词具有名词性和动词性的二重性，那么在动名词的场合下，否定的方式又是怎样的情形呢？

　　铃木(2010)在考察新闻报道中出现的动名词谓语句「動名詞＋です」的句式特点时进一步指出「過去形や否定形では現れない」[18]，也就是说在这类句式中不会出现否定式。田中(2012)考察了新闻报道标题中的「名詞＋です」(标题句)的句式特点，指出该句式通常不以否定式和过去式出现。但同时，铃木(2010)也指出「報道番組のニュースキャスターが新しいニュース取

第六章 动名词谓语句的语法范畴

上げる場合以外には、この構文が同様の機能を果たすことがあるだろうか」。因此,有必要对动名词谓语句进行深入研究,探究这一领域否定的具体形态以及其生成的理据。

为了验证新闻报道以外的场合下动名词的否定形态,笔者以「解决」一词为关键词检索《青空文库》数据库,共检索到包含关键词「解决」的语料1020项,其中否定的语料为77项,其具体形态分布结果如下:

表6.4 动名词「解决」的否定形态

类型	项数	比例
「解决しない」系列	29	38%
「解决+助詞」系列	24	31%
「未/無+解决」系列	19	25%
「解决ではない」系列	5	6%
总计	77	100%

从表6.4我们可以知道,较之于单纯动词或名词,动名词的否定式在形态上呈现多样化。「解决しない」「解决ではない」都是直接否定关键词"解决"的,我们称之为直接否定;而「未/無+解决」以及「解决+助詞+否定辞」都不是直接否定关键词的,我们称之为间接否定。显然直接否定是由名词性的「解决ではない」与动词性的「解决しない」构成,间接否定则是由接辞性否定「未/無+解决」与后置性否定「解决+助詞+否定辞」构成。因此,我们可以将动名词的否定形态图式化如下:

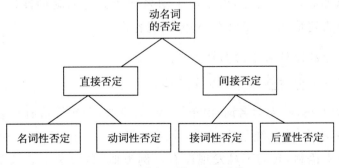

图6.9 动名词的否定形态[⑩]

以下为方便论述,笔者将按照"直接否定:名词性否定与动词性否定"到"间接否定:接辞性否定与后置性否定"的顺序展开分析。

1. 直接否定

1.1 名词性否定

单纯名词的场合，否定形式表现为「学生だ→学生ではない」的「名詞＋ではない」形式。但在动名词"解决"的否定语料中，这种形式共 5 例，仅占总量的 6％。

(52) 然し其結論は、此問題の解決ではなくって、寧ろ其否定と異ならなかつた。

(53) とりとめもない言葉だが、死は生の解決ではないけれど、それが休息であることは疑へない。

(54) 今日の少しものを考える若い女性たちの心の中に、結婚と家庭というものが何時の間にか女性の生涯の解決ではなくて、それが彼女の夫になるべき青年たちの感覚の中に捉えられているとおり、彼女たちにとってもやっぱり女としての社会生活の一面であるというふうに思われてきている。

(55) それは「問題」の解決でなくして、提起である。

(56)「あの事件は、もう解決済みじゃなかったかね」そう云って喬介は、無愛想に雄太郎君へ椅子を勧めた。

之所以如此，简而言之，就是由于动名词所具有的动词性（＋V）降低了与单纯名词否定形式「～ではない」的同现容许度。如：

① ？それは解决ではありません。
② それは解决策ではありません。

例句①中「解决」为动名词，由于「＋V」的缘故，全句显得有点生硬。[②] 而例句②中的「解决策」为单纯名词，由于「＋N」的缘故，整句并不会让人觉得别扭。

考察以上语料，我们不难发现没有一例类似「私は学生ではない」的「～は解决ではない」构造，而「名詞＋の＋解决」结构占了 4 例。之所以这样，是因为「名詞＋の＋解决」这种构造可以在一定程度上降低"解决"的动词性，进而增强与「～ではない」的同现容许度。此外，基于某些其他句式，如果能降

低动名词的动词性,则该动名词与「～ではない」的同现容许度也会提高。例如:

　　(57)ただがむしゃらに山へ登ることだけが登山ではありませんよ。よく山を調べ、天候を調べたうえで、慎重に一歩一歩を頂上に向ってきざんでいくのが登山です。

　　例句(57)可以说含有对"登山"这一概念的解释,这在一定意义上削弱了"登山"本身所含有的动词性,增强了名词性。因此,能很自然地与「～ではない」同现。

　　另外,例句(56)中,「解決済み」代表状态,不是动作,因此,可以和「ではない」同现。

1.2 动词性否定

　　从表 6.4 可知,「解決しない」系列的动词性否定占 38%,居第一位。这是因为动名词所包含的动作性(＋V),在大多数场合下都可以直接借助「スル」サ变动词化的缘故。这就是动词性否定。

　　唐千友(2011)分析了动名词句的格赋予与格构造,指出动名词具有几乎和动词同样的语法功能。因此,在没有外在构造降低动名词动作性的情况下,动名词的动词化(特别是サ变动词化)既是动名词本身特性的表现,也是语言经济性的直接反映。换言之,「解決しない」系列的动词性否定是理所当然的。

1.3 名词性否定与动词性否定的生成

　　那么,名词性否定与动词性否定究竟是一种怎样的关系呢?影山(2006)指出,在「XはYだ」句式中,Y 同时具备属性叙述与事象叙述的功能。因此,由动名词构成的「XはYだ」句也同样具有属性叙述与事象叙述的功能。

　　提起否定,益冈、田洼(1992)指出:"否定表现意味着与之相对应的肯定的事态或判断不成立。否定包含'事态的否定'和'判断的否定'。"也就是说,自然语言中的否定,不仅仅是关乎于命题的真理条件,还有多个意思。在「XはYだ」句中,有"事态的否定"和"判断的否定"。在动名词句「XはYだ」中,如果属于事态性叙述,由于动作性(＋V)的存在,其否定自然就是事态否定;

相反,如果属于属性叙述,由于不具有动作性,即(-V)的介入,其否定自然就是对属性判断的否定。总结以上,名词性否定与动词性否定的生成理据可以图式化如下:

属性叙述 —无动作性→ 否定 —— 判断的否定 —— 名词性否定「～ではない」
事象叙述 —动作性→ 否定 —— 事态的否定 —— 动词性否定「～しない」

图 6.10　叙述的类型与直接否定的生成

表 6.4 显示,动词性否定的出现概率远远高于名词性否定。这一方面是因为动名词本身的动作性(+V)降低了与「～ではない」的同现容许度,另一方面也与动名词句多为事象叙述密切相关。实际上,即便是事象叙述的名词性否定场合,仍然可以窥见其中包含的动作性。例如:

(58) 吟子にとっては師範の卒業が学業の<u>終りではない</u>。
　　→吟子にとっては師範の卒業が学業を<u>終わることではない</u>。
(59) 工場や物品に対するだけが<u>投資ではない</u>。
　　→工場や物品に対するだけが<u>投資することではない</u>。

也就是说,在名词性否定的场合下,「動名詞＋ではない」句式可以转化成「对应动词＋ことではない」形式,与此相应,原来的属性否定也就转化成为了事态否定。

2. 间接否定

2.1 接辞性否定

接辞指的是不能独立使用,必须和词干要素结合使用的一类词,例如「お茶」「田中さん」的「お」和「さん」。日语中的否定性接辞有「不・無・非・未」四个。能与这些否定性接辞合成的词汇大部分为汉语词①。如果从词类角度来看,既有虽然属于名词但可以在词尾加「スル」的サ变动词词干,也有形容动词的词干。水野(1978)根据语法属性将能与「不・無・非・未」结合的词语分为体言类、性状类、用言类、副词类、结合类等 5 个类别。在这些分类中,与动词有关的为用言类。因此以下以上述接辞与用言类的结合为中心展开考察。

第六章　动名词谓语句的语法范畴

「未」基本上只与用言类的词干结合，表示该词干所表达的动作尚未进行之意。有将该结合形转化为性状类的功能。

（60）住友グループの企業を標的にした事件は昨年二月から五月まで22件も起きている。そのこと自体が異常だ。しかも、いずれも未解決だ。

（61）貴方様の利用料の支払いが未確認です。

接头词「未」为「まだ時がこないこと。まだ事の終了しないこと」的含义。表示后续动名词的动作未完成②。经常与「まだ」「依然として」等副词节共同使用。与其意义相似的有「不」。

「不」主要与体言类、性状类、用言类的词干结合。在和用言类的词干结合时，增加了词干所表示的动作尚未进行之意③，同时使得结合形丧失了作为用言类的特征。结合形的语法性质有作为性状类情况（不安定、不注意），也有成为体言类的情况（不参加、不一致）。

（62）そういう事柄には不案内だ。

（63）まったくこの意見には不賛成です。

（64）スイスやカナダにとどまらず中国も不参加を表明した。

（65）この巡査に遇ってから、悪いものは、泥棒じゃなくって、不取締な主人であるような心持になった。

（66）しかし、これは決して、本質的な日本人の欠陥ではなく、言わば、外敵の侵入に脅かされたことのない国民の、暢気さが、日常生活の心構へを知らず識らず不徹底なものにしてしまつたのであります。

（67）のみならずいろいろな雑音はその音源の印象が不判明であるがために、その喚起する連想の周囲には簡単に名状し記載することのできない潜在意識的な情緒の陰影あるいは笹緑がついている。

（68）臭いというものについて、一般の人は割合不注意ですよ。しかし臭いの研究というものは莫迦にならぬものです。

（69）すなわち、彼のいまだかつて見聞せざる場所に遊び、その他奇人にあい、種々様々の夢の起こる原因は、余はことに不瞭解なれども、しかしこれを不瞭解なりと言いて等閑に付すは、日進の知識は決

して得べからざるものと思われ申し候。

但是与「未＋VN」构造表示"未完了"相比,野村(1973)指出「不の場合には、「〜シナイ」のように動作性を伴った意味に意識される傾向が強い」,也就是在表示"否定"的同时,「不＋VN」构造也包含了说话人的主观意志。

「無」和体言类词干以及有体言特征的用言类词干结合(無気力、無事故、無関係、無試験)。两种情况都增加了不是词干所表示的事物的意思。但是结合形的语法性质有两种,分为「無気力・無関係」之类的相言类以及「無事故・無試験」之类的体言类。

(70)勿論、文学の大衆性の問題はフオルムの問題と全然無関係であると私は主張するのではない。

(71)日本人が如何に科学に対して無理解であったかを示すものである。

(72)子供は無制限に収容されるので、費用もまた無制限であることが絶対に必要である。

(73)ではきまりました。で、わたし、なにをさしあげればよろしいの?お金?お金なら三百億円までお貸しいたしますわよ。もちろん、無利息、無担保の無催促(後略)

如「非常識・非公開・非合法」一样,「非」能与体言类、用言类、结合类的词干结合实现性状化。我们认为作为有这样功能的接头词,「非」的造词力并不是特别强。「非」只能增加否定的意思而无法改变词干的语法性质。

(74)Facebook 内での会話は間違いなく非公開です。

(75)でも潜在意識が非協力だと、なんとなく腹が据わっていない逃げているような感覚があったり、思考がべつのことを考えていたりして、気持ち悪く感じることが多いです。

工藤真由美(2000)指出,否定的场域(否定域)属于句法层面的问题,而否定焦点属于具体语境下发话层面的问题,在词汇否定中,由于被否定的词汇比句子要短得多,使得否定域(否定のスコープ)与否定焦点(否定のフォーカス)往往重合。因此,否定接辞「不・無・非・未」与动名词(VN)的结合既是词汇层次的否定形式也是句法层面的否定。以上大致可以归纳如下表所示:

表 6.5　否定接辞的用法

接辞	词干的性质	结合形的性质	意义
未	用言类	性状类（例　未成立）	未完了、まだ～しない
無	体言类	性状类（例　無趣味）	～がない
	用言类	体言类（例　無抵抗）	～することがない
不	体言类	性状类（例　不利益）	～がない
	用言类	体言类（例　不一致）	～しない
		性状类（例　不注意）	
	性状类	性状类（例　不愉快）	～状態ではない
非	体言类	性状类（例　非常識）	～ではない
	用言类	性状类（例　非公開）	～ではない
	结合类	性状类（例　非合法）	～ではない

如表 6.5 所述，否定接辞「不・無・非・未」都可以与动名词结合，但各自与动名词的结合率不尽相同，笔者根据野村(1973)的调查，整理「不・無・非・未」的结合率如表 6.6 所示：

表 6.6　否定接辞与动名词的结合率

接辞	总词数	动名词数	比例
未	25	24	96%
無	71	34	47.9%
不	91	36	39.6%
非	78	11	14.1%

2.2 后置性否定

如前所述，类似「解決のつかない」「解決もしない」「解決がない」「解決は得られない」等都是借助"动名词＋助词＋否定词"构造实现的否定，由于否定词位于助词之后，我们称之为后置性否定。实际上，这种否定词可能是动词或名词。

(76) この時私の活力は、凍りついたように、車の上で身変化もせず、ものを考えもしなかった。

显然，例句(76)中的「考えもしなかった」来源于动词「考える」，为了强调否定意义，作者没有使用「考えなかった」，而是使用了「考えもしなかっ

た」这种后置否定形式。

（77）もともと混乱しているのは今の原発安全保障体制、組織そのものであって、発表の仕方ではない。

（78）実はこれは歯を食いしばるところなのですが、歯がないのですからむにゃむにゃやるより仕方ないのです。

（79）狐は、時々人間を見たことがあったし、人間は二本の足で立って歩いているので、狐は珍らしくて仕方がないのです。

例句（77）～（79）中的「仕方ではない」「仕方ない」「仕方がない」都是名词「仕方」的否定式。我们知道，名词的直接否定为「名詞＋ではない」，但是类似「見当」→「＊見当ではない」→「見当をつけない・見当がつかない」之类的、不使用直接否定而优先使用后置否定的名词，在日语中同样存在。

总之，在日语中"（动）名词＋助词＋否定词"形式的后置否定不管是动词还是名词都有可能。因此，对于同时具备动词性与名词性的动名词而言，出现后置性否定更是不足为奇了。

3. 小结

基于以上讨论，对于动名词的否定，我们可以归纳如下：

第一，由于动名词具有二重性词汇特征，因此否定构造形式比单纯名词或单纯动词都相对复杂。其构造形式大致可以区分为名词性否定、动词性否定、接辞性否定以及后置否定四种类型。

第二，"动名词＋ではない"式的名词性否定比"动名词＋しない"式的动词性否定要少得多。这是因为动名词本身的动词性因素「＋V」与名词性否定的「ではない」相抵触而与动词性否定的「しない」相契合的缘故。同时，叙述类型对动名词的否定形式也有影响：属性叙述的场合多为名词性否定而事象叙述的场合则多为动词性否定。

第三，否定性接辞「未・無・不・非」都能与动名词结合构成接辞性否定。各接辞与动名词的结合率以及结合形的语法性质都不相同。同时，除「未」之外，如「無国籍」「不経済」「非常識」一样，「無・不・非」三个接辞不仅可以和动名词结合也能和单纯名词结合。这可以说反映了动名词与名词的内在联系性。另一方面，动名词与动词一样，都具有后置否定形式，这又说明

了动名词与动词的平行性。我们认为以上都是基于动名词的二重性词汇特征衍生而来的。

总之,虽然铃木(2010,2011)以及田中(2012)都指出了动名词句的形态特征之一是"不以否定形出现",但正如本节所示,动名词句具有否定形。具体的否定形式受到叙述类型以及动名词本身的词汇特征的影响。

第四节　动名词与情态

句子具有指示功能和对人功能。表达客观性事态的句节只占整个句子的一小部分。通常情况下,说话人将句子作为交流的工具使用时,不仅表现某个特定的事态,同时也表现出对其传达事态和对对方的各种判断和态度。关于这些功能,益冈、田洼(1992)指出"将某一事态作为自己的信念内容向对方传达(事实)、向对方寻求信息(疑问)、向对方提出各种各样的要求(命令、禁止、请求)、说话人对于某一事态发生的真伪的判断(真伪)、阐述不能判断为'真'的知识(概述)、否定性判断(否定)、以某一事态说明另一事态(说明)、以某一事态类比另一事态并赋予其特征(比况)"。诸如此类,我们将表示说话人对事态的判断以及对对方的判断的语法现象概括为"情态"。

以上是广义上情态的含义。实际上,由于"具体将句子的哪个部分看成是情态,学界的见解有着很大的分歧"[②],因此本节拟以情态中的核心,即说话人对听话人的命令和禁止方面为中心,分析动名词的情态表现。

1.命令性情态

命令是表示强制对方某种动作的情态。命令之所以能够成立,"被强制动作的内容"(命令内容)的提示以及表明强制该动作的说话人的意志必不可少。因此,我们可以将命令表现看做是能够成立的动作以及说话人的意志在句子中的某种表现形式。

关于这里的"某种表现形式",益冈、田洼(1992)指出:"命令的形式包含显性命令与隐性命令。"按照这一观点,显性命令的形式是指命令语气专用的形式[②],而隐性命令则是指只提示命令内容,用态度和语气来表示命令的形式[③]。

在显性命令中，动名词虽然没有像动词一样的词尾变化，但是可以通过添加表明命令意义的接辞，表达明确的命令。例如接辞「要～」：

(80)文章が読みやすいのには好感が持てるが、初版の当時から随分状況が変わっているだけに要改訂である。

(81)今が、要警戒であることは間違いないけど、このやりかたはまさに不安商法なのでよくない。

(82)白内障手術も要注意でした．今日、網膜剝離による硝子体手術後一年の定期眼科検診に行って来ました。

(83)CDはライブ会場や各CDショップ（売り切れの場合は要注文）で購入することも可能です。

(84)車検証は要携帯か。

(85)週末の天候は要チェックです。

如上述例句所示，「要」含有说话者的要求，「要」的后续词干为意志动名词，表现了"命令""希望"的情态。一般很容易认为「要」的造词能力不强，但是实际上，「要」既能和汉语动名词词干结合，也可以和和语、外来语结合。

A 要注意、要警戒、要注目、要登録、要学習　等
B 要支払い、要調べ　等
C 要テスト、要プリント、要チェック　等

另一方面，隐性命令提示命令内容，根据态度、语气进行命令，因此，突破了词形变化的局限。和动词一样，动名词也能形成相应的命令。

(86)厳厳重に火の元を点検のこと。

(87)厳重に飲酒運転を取り締まりのこと。

(88)ネクタイを着用のこと。

如上述例句所示，「～のこと」是用于口语中的动名词命令式。但在动词的情况下也是可以通用的[②]。例如，「下記の学生は3時までに事務室に来ること」，这些命令句只是叙述命令内容，并不是直接影响对方的命令，因此无需添加终助词「よ」。同时，除了「～のこと」之外，还有以下的隐性命令形式。

(89)バック！バック！

(90)さあ、仕事だ。
(91)おい、時刻が来たぞ、さあ、出発だ。
(92)全員、起立!
(93)ひらくドアにご注意!

这些句子都是口头性命令,而且使用了感叹词或者是感叹号,从而表明了说话人的意志。动词中也有类似的用法,例如「どいた! どいた!」「さあ、行こう!」「よし、通れ」等等。

2. 禁止性情态

禁止指的是说话者命令对方不要做某个动作或不要处在某个状态的情态。即否定的命令性情态。可以说禁止性命令是命令性命令的延长。动词中,通常以「動詞基本形＋な」或"動詞のテ形＋「は」＋「いけない」「だめだ」"等形式表示。而动名词中,大致以「動名詞＋禁止」的形式,表示禁止。

(94)これより先は立ち入り禁止です。
(95)「しかし、放送で再三注意しておいたからねえ、"この地区では瓦斯実験を行うので危険につき今日の正午以後翌日の正午まで立入禁止だ"と繰返し注意を与えてある。だから、このへんにまごまごしている者はいないよ」
(96)この国では決して発売禁止や展覧禁止は行はれません。その代りにあるのが演奏禁止です。
(97)「禁帯出」とは、外に持ち出してはならない、という意味である。

此外,在警示、告示牌等中使用的禁止表达都是绝对的行动禁止,例如,「通行禁止」「通行止め」「禁煙」「面会を禁ず」等[⑧]。

3. 小结

说话必然伴随情态。动名词句的情态与单纯名词一样可以通过「です」「でしょう」「だろう」「ではない」等判断助动词来表达。而由于动名词本身具有二重性特征,通过添加接辞,动名词可以形成类似「要＋VN」「VN＋禁止」等单纯名词以及动词不同的独特的命令、禁止性情态表现。

第五节　特定表现形式中的动名词

这里所谓的"特定表现形式"是指本书研究对象的动名词较为集中使用的表现形式。一般情况下，伴随「する」的动名词（这种情况为サ变动词）在现代日语中的各个领域中都有非常频繁的使用。但对于不伴随「する」的动名词，我们认为比较容易出现在以下表现形式之中。

1. 目的表现

即使在初级日语教育中，我们也能经常看到像「英語を勉強(し)に行く」这种「連用節＋動名詞＋に＋述語」(「VNにV」)结构的目的表达方法。

(98)本を借りに図書館へ行く。
(99)私は新宿へ買い物に行きます。
(100)残念ながら私はそのころ出稼ぎに上京中のため、くわしい事情は知らぬ。
(101)アメリカへ出張(し)に行く。
(102)日本語を勉強(し)に日本へ行く。

如上述例句所示，在「動名詞＋に」结构中比较容易出现的是汉语类及和语类的动名词。这种表达方法中的动名词和动词一样，可以承接前面的修饰语。同时，用「動名詞＋に」模式，作为后接谓语的连用修饰节，表示后接谓语的目的。这种目的表达方式既体现了动名词的二重性特征，同时又是表达目的的重要句型之一。而且，如下面的例句所示，一般情况下在修饰成分与被修饰成分之间，在某种程度上也可以加入其他的语句。

①鰻を食べに行く→鰻を食べに「料亭へ」行く
②家賃を集めに回る→家賃を集めに「一軒一軒」回る

而在同一动词的反复表现的「VにV」结构中，却无法插入这样的修饰节。即「VにV」中「Vに」和第二次动词中间无法插入其他语句。例如：

③昨日は田中と飲みに飲んだ。

→*昨日は山田と飲みに「明け方まで」飲んだ。
　④彼は息せき切って歩きに歩いた。
　　→*彼は歩きに「息せき切って」歩いた。

　　换言之,正如籾山(2002)所言,和一般的惯用语相同,「VにV」的结构中,前后动词中间无法插入其他语句,正显示了所谓的词语结合的稳固性。与此相对,在「VNにV」的目的表达结构中,某种程度上可以插入其他修饰语,因此可以说这并不是词汇层面的问题,而是构句层面的问题。我们认为这其中动名词具有不可或缺的语法功能。

2．尊敬表现

　　语言的表现样式按照说话人如何对待听话人、执笔者如何对待读者的分类,一般可以分为普通表达和敬语表达。在日语中,说话人或是执笔者对话题中的人物表达敬意的说话方式叫做尊敬表达,用来表达尊敬表达的词汇称为敬语。日语是一种在形态上拥有完整的敬语体系的语言。敬语词汇与敬语表达是形成该敬语体系中不可或缺的要素。

　　在动名词的场合,如「来る」的尊敬语「見える」,经常以「○○先生が、お見えですか」这样的名词形式使用。而且,提供刚刚做好的料理时,不但可以说「はい、できあがりました」,而且也经常使用「はい、できあがりです！」这样的表达方式。

　　(103)何をお読みですか。
　　(104)山田さんは明日ご帰国だそうです。
　　(105)「急いで物をいう裁判医をお望みなら、これからはわしを呼ばないことだね」と古堀はいって仕事をつづけた。
　　(106)ご参会を希望される方は、同件で送付した申込表を日本語で(中国在住の方はご住所を中国語で)ご記入の上、2011年1月31日までに、そしてレジュメ(3000字以上)を2011年2月28日までにメールにて事務局までお送り下さい。
　　(107)「来るとお思いだったでしょう、そうなんだ、昨日の出会いも、因縁です、共通の知人の席でね、不思議です、いや会うときまった因縁があるんです、」

(108)佃さんは、どこかへ御旅行ですか。
(109)お宅の奥さんも、今、おでかけですか。
(110)「とうとう、お別れね」妻は泣きながらいった。
(111)「いよいよお出かけでございますか」
(112)「いよいよお別れだね」
(113)「もうお別れですわねえ」
(114)「いいえ、さっきから、もうお帰りか、もうお帰りかと思って待ってたの。（後略）」
(115)「乙姫さまは、あなたの事なんか、もうとうにご存知ですよ。（後略）」

  如上述例句所示，敬语词汇和敬语表达都是表达尊敬的重要的元素。尊敬表达一般情况下，动词具有时态时，会以「お/ごVになる」的形式表示，如「お客さんがお買い上げになる」「ご購入になる」等，而在本书所涉及的没有时态的动名词的场合，一般是在该动名词前加接头词「お/ご」，构成敬语表现的词汇性要素，如「お望み、ご記入」。或者是以「ご旅行です、おでかけです」的方式形成敬语表达，具有表达尊敬之意。动名词在中国的日语教育中还是一个不太为人熟知的用语，可以说敬语表达是动名词与日语教育及日语学习之间独一无二的节点。而且，正是因为有这些口语表达，使得本身就书面化的动名词也有了口语式的表达方式，从这个意义上来说，动名词句确实不能说是一种另类的表现形式。

本章小结

  本章围绕动名词作谓语时的语法范畴进行了诸多分析考察，结论可以归纳如下。
  第一，在由动词转化为名词、名词转化为动词的词性转化中，动名词起到了媒介的作用。名词和动词是日语语法体系中重要的词类，而动名词则沟通了这两大词类，形成了独特的语法体系。
  第二，动名词由于为「＋V」性质，其表示的动作、变化可以按照时间轴设

定展开、发展、结束的过程。但是,由于动名词本身不具有附加时态的词尾变化,动名词通过时态性接辞,以「未＋VN」「VN＋中」「VN＋後」的形式,表达动作进行的时态。一般认为,由于「中、後、済み、の上、の際、の折」等时态要素都表示时态,在「動名詞＋時制辞」构句中,除了表达各自时态的语法类别之外,也形成了不同的句法构造。

　　第三,由于动名词具有二重性,动名词的否定形式比起单纯名词或者动词具有更多的是构造形式。我们认为构造形式可以成四类,即名词性否定与动词性否定、接辞性否定与后置性否定。「動名詞＋ではない」的形式,即所谓的名词性否定比起「動名詞＋しない」形式的动词性否定要少得多。这是因为动名词本身的「＋V」属性与名词的「ではない」否定形有抵抗性而与动词的「しない」否定形相契合的原因。同时,叙述类型也对动名词的否定形态产生影响:属性叙述的情况下为名词性否定;事象叙述的情况下为动词性否定。

　　否定性接辞的「未・無・不・非」中任何一个都能与动名词结合,形成接辞性否定。各接辞与动名词的结合率以及结合形的语法性质各不相同。而且,除了「未」,诸如「無国籍」「不経済」「非常識」一样,「無・不・非」不仅可以和动名词结合,还可以和单纯名词结合。可以说这证实了动名词和名词的共通性。此外,我们认为动名词和名词、动词一样,具有后置性否定形式,这也源于动名词的二重性特征。

　　铃木(2010,2011)指出「否定形では現れない」作为动名词句的句法性特征。但是本章中,我们认为动名词句具有否定性,其具体的否定形式则是根据叙述类型以及动名词本身的词汇性质而定。这一点弥补了先行研究中的不足之处。

　　第四,动名词句的情态和单纯名词一样,可以通过判断词「です」「でしょう」「だろう」「ではない」等来表达。但是,由于动名词本身具有二重性,通过添加接辞,动名词可以形成「要＋VN」「VN＋禁止」等与单纯名词及动词不同的独特的命令性、禁止性情态。

　　第五,动名词在中国的日语教育中还是一个很陌生的词汇,但是不管在日语教育的哪个阶段中都会出现的目的表达和敬语表达中,动名词使用频繁。这是动名词与日语教育和日语学习之间独一无二的节点。

【注释】

① 以《日本语大辞典》为例,我们了解到名词有 320824 个、形容词有 4381 个、形容词有 4760 个、动词有 25084 个、副词有 5483 个、其他有 77822 个。名词占词汇总数 438357 的 73%。

② 关于动词的名词化,西尾(1997)指出:"随着思考、感受以及其变现方式日益复杂化、高度化的发展,属性概念也以一个词汇单位的形式作为把握对象而存在,为了使这些概念词汇能自由地充当主语、宾语、补语等,从用言中抽取名词形的必要性与日俱增。"

③ 松井利彦:「漢語サ変動詞の表現」,『国文法講座 6 時代と文法——現代語』,明治書院,1987,第 184 页。

④ Iida(1987)注意到像「先生がアイヌ語を研究中」的「～を～中」这样结构的句子,并指出像「研究」这样的名词支配「ヲ」格的现象。在此基础上,从生成语法的观点,探讨了根据这样的结构句而形成的格支配的成立条件。要想 deverbal nominals(动词由来名词化形)支配「ヲ」格,必须满足两个条件:动名词具有项构造;与具有时态性的词汇性接词结合。

⑤ 水野(2008)在考察词干的语法性质的基础上,将词干分为五类,即体言类、相言类、用言类、副言类及结合类。动名词属于用言类。

体言类:伴随格助词「が」的句子的要素(近代、化学)。

相言类:伴随「な」的连体修饰成分。或伴随不属于体言类、用言类、副言类的「の」的连体修饰成分(優秀、最後)。

用言类:伴随「する」的サ变动词(計画、注意)。

副言类:没有任何变化的连体修饰成分(全然、絶対)。

结合类:不属于上述四项中,必须与接词等结合(積極、合理)。

⑥ 基于野村(1973)整理。

⑦ 佐伯(2005)指出在「単純動詞連用形＋中」也有「釣り中」「喜び中」「商い中」「しも取り中」「優勝争い中」「発車待ち中」等词例。

⑧ 整理自文(2000)、佐伯(2005)、白川(2004)。

⑨ 出处:阿倍能成『清宮様の御婚約を祝す』。

⑩ 参考长谷川(2004:79)。

⑪ 活动动词的"时间幅度"指的是该动作持续的时间,到达动词和状态动词的"时间幅度"则是指从产生该结果到状态终止的时间。另一方面,在"完成""毕业"等达成动词中,由于从产生到状态终止无法一般设定,因此被认为不具有时间幅度。

⑫ 另外,既表示进行式又表示完成式的例子并不是一定没有的,比如:

「帰宅中」:已经到家,在家的时间　　　结果的持续——完成式

「帰宅中」:在回家的路上(还未到家)　　活动的持续——进行式

⑬ 到达动词及状态动词中,瞬间无意识动名词可以在词尾加「中」,例如「妊娠」「失業」「故障」等。

⑭ 的确，如果是意志性动词就可以控制动作的终止，但即使无法刻意地结束的状态（即使没有意识性），只要具备能限制所涉及的事件的时间幅度的要因就可以了。比如说，在「故障（する）」的场合下，可以看作状态结束的要因就是有人修理好了。故障的主体即使没有任何动作，也能实现时间幅度上的特定化。

⑮ 这里应该注意的是类似「＊結婚中」这种，即使有结果状态，也是不允许接续「～中」的场合。关于这一点，大田和（1997）指出："由于结婚仪式一旦完成，很难想象在这一时点，'结婚'这一结果状态就结束了。因此，即使是结果状态在持续，也不允许出现「＊結婚中」结构。也就是说，如果无法满足'可以限定的时间幅度'这个条件，便不允许「結婚中」的出现。"

⑯ 水野（2008）指出「後」只有表示时间之意的功能，因此只能与表示事件或时间的词干结合。但『広辞苑』（第五版）记载「後」也有表示空间之意的功能。本书认为接词「後」具有时间和空间之意。

⑰ 本节请参考《现代日语动名词句的否定形态研究》，载《日语学习与研究》。

⑱ 铃木（2011）以报纸的投稿专栏、杂志的随笔或者是微博上的记事等为素材，考察了「「を/に」などの格助詞を伴う補語＋｛動名詞（VN）/感動詞相当句｝＋です」句式的句法特征，指出"可以出现过去式，但不以否定式出现"。

⑲ 在「解決しない」系列中包括「解決しない」「解決されない」「解決できない」三种下位形态；在「解決＋助詞」系列中包含「解決のつかない」「解決もしない」「解決がない」「解決は得られない」等形态；而在「接辞＋解決」系列中包含「未解決」（16 例）和「無解決」（3 例）两种子类型。

⑳ 当然，例句①的「それは解決ではありません」也不是绝对不正确，只是在没有特别语境的前提下，单就这个孤立的句子而言，与例句②相比显得有违和感。

㉑ 从语种来看，接辞「未、無、不、非」大部分都是和汉语词干结合构成否定性新词。但是也有和语词干和外来语词干的用例，例如「未払い」「無届け」「不向き」「不渡り」等，外来语词干「未チェック」「未セット」「不カット」「不セット」「無ショック」「無チェック」「非オープン」「非セール」等等。

㉒ 详情请参照未完成的「未＋VN」。

㉓ 根据本文的目的，只举出用言类。其他词干请参照下面。

与相言类词干结合时，基本上只添加不是词干所表示的状态的意思，不改变词干的语法性质（不愉快、不適当）。只是，我们认为关于以相言类的词干同时具有体言类特征的词可以窥见「不」有让词干所有的体言类特征的功能（不自然、不自由）。与体言类的词干结合时，增加了没有词干所表示的事物，或者该事物不好等意思。把结合形的语法性质归类于相言类（不規則、不景気）。

㉔ 参考日本语教学会编『日本語教育事典』，第 191 页。

㉕ 这里指的是动词的命令形、「動詞連用形＋なさい」、动词的テ形，还有经常伴有终助词「よ」的句子。

㉖ 这种情况下，使用动词的基本形或「動詞基本形＋こと/ように」等形式。前者是口头的命令，后者主要是用于告示、文书等方面的命令。这些命令只是叙述命令的内容，并不是直接影响对方的命令，因此无法添加终助词「よ」。

㉗ 但是，动词可以用「動詞基本形＋ように」表达命令，例如「午前中に必要な書類を提出するように。」而「動名詞＋のように」的形式，无法表达命令，如「＊午前中に必要な書類を提出のように。」

㉘ 除此之外，也有「係員以外入るべからず」「天地無用」等。但由于与动名词无关，这里就不多做介绍。具体参考《日本语教育事典》，第197页。

第七章
句中动名词节

如前文所述,动名词是名词的下位分类之一,动名词句与名词句一样,会大量出现在句中。换言之,动名词节①(VNP)在句法构式上与名词节(NP)一样,能够充当各种成分。本章的主要研究对象是句中动名词节的表现形态、句法构式特点以及句法和语法功能。

第一节 句中形态

名词句最基本、最标准的句法构式是「AハBダ」的形式。其中的助动词「ダ」具有如下的活用体系。

表 7.1 「ダ」的活用体系

基本形系列	ダ形系列
基本形「だ」	ダ形「だった」
	ダ系条件形「だったら」
基本连用形「に」	连用形:「て形、たり形」「で、だったり」
连体形「の」または「な」	

表 7.1 列举了多种活用功能下「ダ」的形态,谓语的典型形态是充当主句的谓语,但在实际语言生活中,助动词「ダ」会因为使用场合的不同而具有上述不同的表现形态。考察笔者收集的动名词语料,句中出现的动名词句节大

致可以分为"ノ形""ダ形"、与时间性接辞结合的"接辞形"以及光杆形（基本形）四种。以下按照这个顺序进行进一步论述。

1. ノ形

这里所说的"ノ形"是指在句子中构成"动名词谓语＋の"构造的形态。菊池康人（1996）在分析「AがBのC」（其中的A、B、C都是名词或短语，整体也是名词短语）句式时，指出了以下三种可能类型：

A. 社長が重病の会社
B. 社長が辞任の会社
C. 社長がスキャンダルの会社

在上述三种类型中，A的「重病」不能与形式动词「する」结合，因此不是动名词而是状态名词。C的「スキャンダル」是表示事物的固有名词，也不是动名词。只有B的「辞任」可以与形式动词「する」结合，是作为本书研究对象的动名词。

菊池（1996）进一步指出，B是「する→の」类型（包括「した→の」的形式）。在这种类型中，动名词「辞任」在承接「社長が」主格成分时表现出了动词性（＋V）的一面，而后续「の」时又表现出了名词性（＋N）的一面，充分显示了动名词（＋VN）在句法以及语法上的独特性。菊池（1996）同时指出，A是「である→の」类型，也就是说，可以理解为「社長が重病（である）会社」（除「である」以外，还有「であった」「になる」「になった」的形式，统称为「である→の」类型）。C是「社長がスキャンダルを起こした会社」的划线部分，即可粗略视为"助词＋谓语"缩简为「の」的类型。总之，「AがBのC」构造中的「B」有可能是状态名词、固有名词或动名词中的任何一个，「の」是助动词「だ」、形式动词「する」或单纯动词缩简形成的。以下是"动名词＋の"的用例：

(1) 司会を担当の方は、開演の1時間前に会場に来てください。
(2) まだお使方と全面戦争の状態だよ。
(3) 新車をご購入のお客様、下の手順に従って申し込みをしてください。
(4)（駅のアナウンス）二番線に到着の電車は急行××行きです。
(5) この通り少しも売れていませんと台帳を見せられる場面を記

第七章　句中动名词节

憶の人もあろう。

(6)社長が辞任の可能性

(7)その旅行者は肝炎に感染の疑いがある。

(8)田中氏は女優と密会の噂がある。

(9)今に至っても存置を唱える者にこの井上の書簡を一読の要がある。

(10)厳重に飲酒運転を取り締まりのこと。

(11)厳重に火の元を点検のこと。

(12)みなさま。夕食もお休みになり、夜のひとときをおくつろぎのことと思います。

(13)希望者は返信用切手を同封の上、お申し込みください。

(14)私はロンドンに出張の折に、高校時代の級友にばったり出会った。

(15)大地震が発生の際は、大勢の犠牲者がでることになるだろう。

(16)書庫の本を帯出の際は…

(17)それをじゅう分承知の上で、菊はそれでもトセをこころよく思うことはできなかった。

(18)ネコへの攻撃は、破滅を覚悟の上でなされるよう宣言する。

(19)わしは事件が生命の危険というところまでいかないのを、前もって承知のうえ、この挑戦によって、一種の虚偽の見栄をはろうとするだけのことなのだ。

(20)ベルリンで一泊ののち、一行はポーランドからソ聯領へ入り、モスクワを通ってシベリヤ鉄道で故国へ向ったが、…

(21)大正末期に飲食店で飲食中、店主と口論の末、傷害致死罪を犯し、懲役刑に服し、出獄後、関東軍の特務機関に入り（後略）

以上为笔者收集的部分"ノ形"例句。一般而言，"名词（动名词）＋の"构造全部构成连体修饰节。分析上述例句可以得知，构成句中"动名词＋の"构造的"ノ形"可以进一步分类为单纯连体修饰表现、情态表现和时态表现三种表现种类。

例句(1)~(5)是单纯连体修饰表现。就如「司会を担当の方」相当于「司会を担当なさる方」一样，构成项构造的动名词只是单纯地修饰各自的后续名词。在这种类型中，被修饰名词不是形式名词，而是实质名词（具体名词）。

例句(6)~(12)是情态表现。「～のこと」这种模式只能在句末使用，已经成为固定下来的情态表现，均可转换为「～してください、～せよ」的命令形。与之相对，「～の可能性、～の疑い、～の噂」等表达的则非命令而是语气，均可转换为「～かもしれない、らしい、ようだ」。在这一点上，可以把它们和「～のこと」一样理解为一种假性情态表现。这种类型中的被修饰名词不仅有抽象名词，也包括形式名词。

例句(13)~(21)是时态表现。在这类"动名词＋の＋时态词"副词节的接续表现中，通常采用「の上、の際、の折、の節、の末、の後、ののち、の度、の暁、の間」等和语时态名词。这些与通常采用「ので、けれど、とき」等带时态的动词（本书中的普通动词）不同，其特点是与没有时态变形的动名词联用。即便没有时态变形，这类接续表现的性质仍然是时间副词节，通常在其内部会出现伴随格助词的短语句式。进一步深入分析可知，位于这些副词节中的动名词句的动名词能够和普通动词一样承接副词修饰语。例如：

　　大地震が発生の際は、…
　　→大地震が「突然」発生の際は、…
　　北海道を旅行中に、…
　　→北海道を「のんびりと」旅行中に、…

另外，还可以插入「バスで通学中に（手段）」「アベックで散歩中に（様態）」「料亭で食事中に（場所）」「きのう早朝に出勤中に（時間）」等连用修饰节。

吴大纲(2007)指出，基本上而言，系词是为了表明名词是谓语而与名词组合的单词。因此，如果能够从语境、场面或在句中的存在方式等推断出该名词是谓语时，逻辑上而言并没有补充系词的必然性。这种情况下，有的语言通常不使用系词。即便是日语，会话及诗中出现没有系词的名词谓语句的情形也并不罕见。换言之，在日语中，没有「だ・である」等系词的名词谓语句并不罕见。

而且，从动名词谓语句的情况来看，不仅仅是上述"系词省略"，动名词的

二重性也参与着"ノ形"的生成。具体而言，在动名词构成的节（VNP）的内部，动名词作为谓语部分"＋V"发挥功能，本身可以承接副词修饰语，能够赋予格，形成相应的项构造。另一方面，从外部来看，由于动名词有"＋N"特性，与名词短语有同等资格。因此，需要有格助词"の"的支撑。

另外，在笔者收集的动名词谓语句中，"ノ形"是各种句中形态里数量最多的一种。这也与上述"系词省略"和"二重性"两个主要原因有着深刻的关系。

2. ダ形

这里所说的"ダ形"是指在句子中构成"动名词谓语＋だ（である）"构造的形态。在名词句的场合，如「日本人だと、…」「学生なので、…」等一样，"名词＋ダ"构造会在句中出现得非常频繁。动名词作为名词的下位分类之一，也会出现类似的句节。

（22）給与は何日締切りで、何日払いですか？

（23）沖が時化だと、魚が高くなるぞ。

（24）どんな日照り続きだって、この井戸は枯れなかった。

（25）急いで物をいう裁判医をお望みなら、これからはわしを呼ばないことだね」と古堀はいって仕事をつづけた。

（26）彼は旅行中だから、家にはいないはずだ。

（27）一方、ライバルのダイエーは、1万円分の買い上げごとに500円の買い物券を渡すセールを年末まで実施中だが、10日から13日までの4日間、イトーヨーカ堂との競合店が多い関東地区の83店で、さらに高額の買い物券が当たるくじ引きを追加する。

（28）3月から休業中だった日本体育協会付属スポーツ診療所が1日、東京・渋谷の岸記念体育会館地下1階で一般外来患者向けの保険診療を再開した。

吴大纲（2007）指出，即使有连体节等先行句节，只要名词充当了这些句节的谓语成分，就有可能使用系词。也就是说，上述例子中"ダ形"是作为系词出现在句中的。尤其在必须明确句子的时态、情态或过去、否定等语法范畴性质时，能够体现这些语法性质的系词就更加不可或缺[②]。换言之，在这种场合下，不得不使用"ダ形"。

普通的名词句和动词句,除了肯定和否定(所谓的肯定和否定的对立性)之外,还可以灵活运用中顿式、并列式、条件从句和转折从句等句型。与之相比,总体上而言动名词句在句法构式上缺乏柔软性,具有僵硬、单一的构句特征,而句中"ダ形"可以说在一定程度上弥补了这一句法特征。具体而言,例句(22)中「締め切りで」是表示并列的中顿,例句(23)～(25)是条件从句和转折从句,例句(26)是顺接连用修饰,例句(27)是逆接连用修饰,例句(28)是连体修饰。

在笔者所收集的"ダ形"用例中,类似于「休業中だ」的"动名词＋时间性接辞＋ダ"结构占了压倒性的多数。这是因为"动名词＋时间性接辞"结构,也就是动名词与「中、後、済み」等表示时间的接辞连用时,弱化了该动名词本身的动作性,从而提高了其与「ダ」结合的允许度的缘故。

3. 接辞形

这里所说的"接辞形"是指在句子中以"动名词＋时间性接辞"形态出现的句节。动名词与时间性接辞的结合,除了可以表示动名词的时、体、态等语法属性之外,还能在句法上构成连用修饰节。石立珣(2009)将能与动名词结合的时间性接辞归纳为以下两类。

グループ1：中、後、済み、直前、寸前、直後
グループ2：の上、の際、の折、の末、の後、の度、の間

显然这里的「グループ1」属于"动名词＋接辞"的接辞形,而「グループ2」是"动名词＋の＋接辞"结构,实际上属于"ノ形"。因此,本节只将「グループ1」作为研究对象。

(29)小山は慶応義塾を中退後、伊藤痴遊の弟子となったこともあった青年である。
(30)結婚式が終了後、全員で記念写真を撮った。
(31)そして、長浜沖に碇泊後、再びトラックに向けて出発した。
(32)大学を卒業後、金が必要になったら働いて、あとは遊んで暮そうと思っている者もいた。
(33)(前略)さらに、第二次基地攻撃を決意して攻撃機にいだかせていた魚雷を対地上用爆弾に交換中、わずか三十機ほどの敵艦載機に

不意に襲われた。

(34)ケストラがセレナートを演奏中に、聴衆は眠ってしまった。

(35)首相は北京に滞在中に風邪を引いた。

(36)ちょうどその頃、かつて楡家の当主基一郎がその土地を測量中に倒れた松原の病院、今は松沢病院梅ヶ丘分院となっているその病院は、猛火のただ中にあった。

(37)香子「ツル長さんがね、午前中お休みなんだって…正午まで一人で

パトロールしていて下さいって…本部にはもう了解ずみだからって…」

(38)当然、それは、そうなる筈だ。それについては、艦政本部とすでに打ち合わせずみで、一人一人の身許を調査した上で、さらに絶対に口外させないよう宣誓をさせることになっている。（後略）

从以上例句来看,在接辞形态中,总体上"动名词＋中"形式的用例最多,所能承接的格成分也最为多样。其次是"动名词＋後"和"动名词＋ずみ"形式。而「直前、寸前、直後」等从用例分布来看,没有出现在小说中,仅出现于新闻报道领域,用例数量也不多。因此,接辞「直前、寸前、直後」等不能说是"接辞型"的典型形态,只能说是一种相对边缘性形态。

同时,以上是构成时间性连用修饰节的"接辞型"的用例,但实际上如以下"动名词＋接辞＋の"形式的连体修饰节的用例数量也很多。

(39)残念ながら私はそのころ出稼ぎに上京中のため、くわしい事情は知らぬ。

(40)司会者はこんな失礼なことをしゃべりながら、猫の額ほどの庭にまわって、書斎で執筆中のフン先生になれなれしく声をかける。

(41)神鋼は、ケンブリッジ大へ留学中の岩渕が一時帰国してFBで出場した。

(42)今回の米朝協議の核心は、金昌里に北朝鮮が建設中の地下施設にあった。

(43)女性が自殺後の15日、高井戸署が宅配便の送付状にあった携帯電話に電話したところ、送り主の男が出た。

(44)すでに無事を確認済みの3人からカプセル計11錠などの任意提出を受けた警視庁が、一部の中身を調べたところ青酸カリと判明した。

由于动名词的名词性，它本来就可以构成连体修饰节。动名词在添加「中・後・済み」等接辞后，其动词性进一步减弱，名词性进一步增强。因此，以上用例中的"动名词＋接辞"可以自然地与「の」结合，发挥连体修饰节而非连用修饰节的功能。

4．光杆形

这里所说的"光杆形"也可以说是裸形，是指和动词基本形一样，动名词在句中单独使用的形态。邱根成(2001)将动名词句(节)的形态分为"连体修饰型""连用修饰型""だ谓语型"和"复合型"四种。③"连体修饰型"即为前节中的"ノ形"，"だ谓语型"即为前节中的"ダ形"(句末形态和句中形态)，而"连用修饰型"与"复合型"都包含本节中的光杆形。以下将在对例句进行分析的基础上展开论述。

(45)それが一時間ほどつづき、それから帰宅、ふたたび眠りつく。

(46)コロアチア人組織が八十八万ドルの資金を工面、外国からライフルなどを購入。

(47)吉田首相一行は直ちにクイーン・エリザベス号に乗船、同十時から船上で外人記者団に簡単なステートメントを読み上げ、正午出港、フランスに向かった。

以上都是所谓的"光杆形"动名词节的用例。显然，这种场合下的动名词几乎都发挥着动词连用形(表示中止)的句法及语法功能。

(48)男の人が血だらけで倒れているのを通行人が発見、近くの交番に届けた。

(49)鈴木豊さんが倒れているのを通りがかった人が見つけ、藤沢北署に届けた。

例句(48)(49)中的「発見」和「見つけ」分别是动名词和动词(「見つける」的连用形)。这两个例句不仅在意思上相似，在句式构造上也非常相似。由

此可见,动名词和句中动词连用形一样,有表示中止的语法功能。换言之,即便是以光杆的形式单独使用,由于其动作性"＋V"的缘故,动名词甚至产生了与普通动词一样的连用形用法。

当然,动词的连用形用法从古代就有。

①なぜに、こう通りはなされいで。
②どうあっても放しはせぬ。どれへもやりはせぬ。

上述例句中的「通り」「放し」是和语动词连用形。邱根成(2001)指出,"用作'无活用动词(本书中的动名词)'时,和语动词采用的是连用名词形,汉语サ变动词较多采用词干单独形式。虽然词形上多少有些差异,但本质上完全相同。"在现代日语中,这种用法也很常见。

(50)六時に東京を出発、九時に京都に到着した。

以上是从句式形态的角度,将句中动名词句分为"ノ形""ダ形""接辞形"和"光杆形"四种类型,下一节将详细考察各类型的句法功能。

第二节　句法功能

狭义上的句法功能是指句子中各成分在构句过程中所发挥的不同作用。由于功能本身就很复杂,把握功能性关系并不容易。本节考察的也只是句中动名词节句法功能的一小部分,与其说是对功能的考察,不如说是对使用方法的考察。而且功能与形态并不必然是一对一的关系,本节主要以"功能"为中心进行探讨。

1. 连体修饰

在「母が作った料理」这一表现中,「母が作った」句节修饰名词「料理」。「作った」是动词,可以直接修饰名词。由于动名词具有名词性"＋N",一般而言可以以"动名词＋の"形式构成连体修饰节。例如:

(51)司会を担当の方は、開演の1時間前に会場に来てください。
(52)まだお使方と全面戦争の状態だよ

　　　　(53)新車をご購入のお客様、下の手順に従って申し込みをしてください。

　　　　(54)社長が辞任の可能性

　　　　(55)その旅行者は肝炎に感染の疑いがある。

　　　　(56)田中氏は女優と密会の噂がある。

　　　　(57)厳重に飲酒運転を取り締まりのこと。

　　　　(58)みなさま。夕食もお休みになり、夜のひとときをおくつろぎのことと思います。

　　　　(59)私はロンドンに出張の折に、高校時代の級友にばったり出会った。

　　　　(60)大地震が発生の際は、大勢の犠牲者がでることになるだろう。

　　　　(61)それをじゅう分承知の上で、菊はそれでもトセをこころよく思うことはできなかった。

　　　　(62)ベルリンで一泊ののち、一行はポーランドからソ聯領へ入り、モスクワを通ってシベリヤ鉄道で故国へ向ったが、…

　　如前所述,可以将划线部分的连体修饰节进一步分为单纯连体修饰表现、情态表现和时态表现三种表现功能。单纯名词的场合,可以有「リンゴの皮」「子供のとき」等说法。而情态表现「～のこと」全都可以替换为「～してください、～せよ」等命令形的说法,因此必须是包含动作性的动词或动名词。

　　同时,在时态表现中,如「子供の時」一样,尽管也可以使用「子供」等单纯名词,但总体而言使用动名词的情况远比单纯名词多。这是因为,动名词具有的动作性在时间上有充分的延展性。

　　如上例所示,发挥着连体修饰功能的动名词节(VNP)可以承接多种格成分。这与普通的名词节(NP)不同,显示了动名词节在句法及句法功能上的独特性。

2．时态性连用修饰

　　修饰谓语的表现各式各样,可大致分为连体修饰和连用修饰。本节主要分析连用修饰。通常,连用修饰有时间、原因(理由)、条件(让步)、附随状况

（样态）、逆接、目的、程度等意义的用法，而动名词未必具备所有这些用法。接下来将通过例句分析表示时间的连用修饰节。

　　（63）小山は慶応義塾を<u>中退後</u>、伊藤痴遊の弟子となったこともあった青年である。

　　（64）そして、長浜沖に<u>碇泊後</u>、再びトラックに向けて出発した。

　　（65）（前略）さらに、第二次基地攻撃を決意して攻撃機にいだかせていた魚雷を対地上用爆弾に<u>交換中</u>、わずか三十機ほどの敵艦載機に不意に襲われた。

　　（66）ケストラがセレナートを<u>演奏中</u>に、聴衆は眠ってしまった。

　　（67）首相は北京に<u>滞在中</u>に風邪を引いた。

　　通常，动名词构成时间修饰节时有"动名词＋时态词"和"动名词＋の＋时态词"两种方式。"动名词＋の＋时态词"形态由于「の」的介入，动名词自身构成了连体节，因此这里作为连体修饰来分析。例如，以下几种用法都属于这一类型。

　　①<u>麻子が戦後史を研究中</u>に、秘密文書が公開された。
　　②<u>警察のその事件の調査の際／の間／（の）前／の時／の上／の折</u>
　　③<u>麻子の戦後史の研究中</u>に、秘密文書が公開された。

　　也就是说，例句①的「研究中」是"动名词＋时态词"，例句②是"动名词＋の＋时态词"。显然，例句①和②从总体而言都构成时间修饰节，但在句法构造上有如下区别。

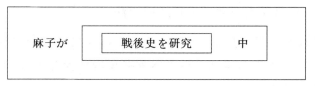

图7.1 "动名词＋时态词"的句法结构

图7.2 "动名词＋の＋时态词"的句法结构

动名词具有二重性，由于动作性的缘故，使得其具有格赋予的能力。例句①的动名词「研究」即使不和时间性接辞「中」连用，仍然能够承接「戦後史を」句节。换言之，图7.1的动名词「研究」承接连用格，形成了独立的句法投射，「戦後史」是「研究」的内项投射，「麻子」是外项投射。整句属于基于连用修饰关系上的时间副词节。

而在「警察のその事件の調査の際／の間／(の)前／の時／の上／の折」句节中，「調査」承接的不是连用节而是连体节，表现出了其名词性的一面，整句属于基于连体修饰关系上的名词节。

而例句③「麻子の戦後史の研究中」句节中的「研究」与例句②中的「調査」一样，承接的不是连用节而是连体节，表现出的只是名词性的一面，整句属于基于连体修饰关系上的名词节。这里的「～中」就像「空中」「期間中」等一样，是基于词语复合构成的派生词，因此，其句法结构如下。

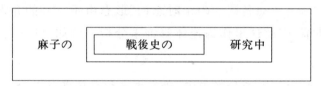

图7.3 「麻子の戦後史の研究中」的结构

3. 继起性连用修饰

顾名思义，继起是指两个动作的相继发生。动词作谓语时，如果句子还未结束，如「叔父さんは手ぬぐいを腰から取って、汗を拭いた」中的「取って」一样，通常会使用动词的中顿式。由于动名词与动词在句法功能上的相通性，在句中也会出现类似动词中顿式的用法。

(68) それが一時間ほどつづき、それから<u>帰宅</u>、ふたたび眠りつく。

(69) コロアチア人組織が八十八万ドルの資金を<u>工面</u>、外国からライフルなどを購入。

(70) 吉田首相一行は直ちにクイーン・エリザベス号に<u>乗船</u>、同十時から船上で外人記者団に簡単なステートメントを読み上げ、正午<u>出港</u>、フランスに向かった。

在上述例句中，都是同一行为主体的相继发生的动作，即继起性动作并列表达的句子。众所周知，"继起"实际上表达的就是动作发生的先后关系。

由于动名词的动作性,上述用例中的「帰宅→眠りつく」「工面→購入」「乗船→出港」表示的都是动作发生的先后关系。这些动名词都可以替换为相应的动词连用形,此时句子的意义也不会发生任何变化,例如:

　　①それが一時間ほどつづき、それから帰宅して、ふたたび眠りつく。

　　②コロアチア人組織が八十八万ドルの資金を工面して、外国からライフルなどを購入した。

　　③吉田首相一行は直ちにクイーン・エリザベス号に乗船し、同十時から船上で外人記者団に簡単なステートメントを読み上げ、正午出港して、フランスに向かった。

　　由上述例句可知,将动名词替换为相应的动词连用形,句子的意思并没有发生任何变化。如果将动名词替换成动词连用形「し」「して」或「してから」等形式,时间上的先后关系会更加明显。

　　通常,名词的中顿式如「田中さんは会社員で、学生ではない」一样,是「で・であり」形,正如邱根成(2001)所指出的,"用作'无活用动词'(本书中的动名词)中止形时,和语动词采用的是连用名词形,汉语サ变动词较多采用词干单独形式。虽然词形上多少有些差异,但本质上完全相同"。动名词表示动作的停顿(继起)时,其形态与名词的「で・であり」形和动词的连用形都不一样。④这显示出动名词除了有动词性和名词性外,还有其自身的独特性。

4．副词性连用修饰

　　同时,邱根成(2001)还将以下类型的句节也视为连用修饰。虽然这并非时间性或继起性连用修饰,但作为动名词连用修饰的用法之一仍然不能忽视。

　　(71)当社に結婚調査をたのみにくるお客が、すくなくなってしまいます。

　　(72)私は慌ててその想像を消しにかかった。

　　(73)首相も執務室から官房長官室に出向き、村山氏を説得にかかった。

在上述例句中,划线部分的「たのみ」「消し」和「説得」都承接着「を」格连用节。从格赋予的视角来看,「くる」和「かかる」肯定不能赋予「を」格。因此,显然是动名词「たのみ」「消し」和「説得」赋予了「を」格。

动名词通常具有"对上的动词性与对下的名词性"特征。在上述用例「結婚調査をたのみにくる」「想像を消しにかかった」「村山氏を説得にかかった」中,动名词「たのみ」「消し」「説得」对上的确是动词性,对下表现的却不是名词性而是副词性的句法特征。众所周知,名词与动词都可以作为副词修饰谓语,因此兼有名词与动词性质的动名词具有这种副词性修饰功能自然就不足为奇了。

本章小结

本章分析了句中动名词节的形态和句法功能,并述及了在日语教育上如何活用动名词的概念,现将结论总结如下。

作为名词的下位分类之一,动名词句与名词句一样能够大量出现在现代日语的句式之中。动名词节(VNP)在句法构式上和名词节(NP)一样,可以充当句子的各种成分。句中动名词节从形态上可以划分为"ダ形""ノ形""接辞形""光杆形"四种形式,其中"ノ形"占最多数。这与"系词省略"和动名词的"二重性"有着深刻的关系。

动名词是名词的下位分类之一,由于"名词+ダ"构造在句中频繁出现,动名词的"ダ形"也会出现在句中。"接辞形"是动名词和时间性接辞的结合形态,体现了动名词的时态和体态,并在句中构成时间性连用节。作为"光杆形"使用的动名词节则几乎都发挥着动词连用形(表示中止)的功能。

动名词节在句中发挥着连体修饰与连用修饰两种句法功能。连用修饰又可进一步细分为时态性、继起性以及副词性三种下位类型。不管是连体修饰还是连用修饰的动名词节(VNP)在句中都能承接多种格成分,这有别于普通的名词节(NP),显示了动名词节在句法构造上的独特性。

在现代日语中,名词性表现、动词性表现以及动名词性表现都是不可或缺的表现形式。结合对句中动名词句节的分析可知,无论是在日语书面语还是口语中,动名词句、动名词句节不仅不是一种生硬的、生僻的表现形式,在某种场合甚至可以认为是一种必不可少的表现形式。

【注释】

① 大岛(2003)把如「大学が医療機器を購入の際」这种以不带「する」的动名词为中心的节称为"动名词节",并考察了决定动名词是否形成动名词节的主要原因。由于动名词节形成的主要原因已在第五章说明,本章只引用这一概念。

② 在非过去或否定的场合,有省略系词的情况。

③ 邱根成(2001)使用的名称不是本书使用的"动名词",而是"无活用动词"。但本质上它与"动名词"是一致的。而且,邱根成总结的四种类型,是以句子整体而非局部为对象总结得来的。

④ 当然,动名词的中顿与动词和名词的一样,中顿的谓语要与之后句末的谓语(句子整体的谓语)的时态、体态保持一致。

第八章
动名词句的意义解释

句子的基本功能是传达信息。连接会话发话人和听话人的信息通常以句子意义的形式出现,所以信息的传达也是意义的传达,听话人如何理解发话人的发话因此也就格外重要。本章主要研究句子意义与句子构造的关系以及句子意义的理解及解释。

第一节 名词句的意义关系

句子根据谓语的性质分为动词句、名词句、形容词句等类型。关于名词句(名词谓语句)的意义解释有许多研究成果。以下列举两个具有代表性的学说。

芳贺(1978)用变形操作考察句子的意义内容,结果如下。

「Xは——である」可以变为「(連体)Xである」,实况直播时由于事发突然,即使并不是有意强调,也可能变成那种表现形式……显然是一种强调表现,但是将「Xは——である」变为「(連用)Xである」后,回答和问题就倒置了。

以上是芳贺(1978)的考察结论。无论哪种情形,主题「Xは」都不直接出现,三上章(1975)将这种类型的句子命名为"隐题",真是再贴切不过了。与之相对,三上章(1975)称「Xは」直接出现的典型表现为"显题"。

同时，「～は～だ」形式如「お父さんは会社だ。今日は海水浴だ。土俵上は貴ノ花」等一样，「AはBだ」中的 A 和 B 不必然是同一事物。例如：

　　お父さんは会社だ。→お父さんは<u>会社へ行っている</u>。
　　今日は海水浴だ。→今日は<u>海水浴に行く</u>。
　　土俵上は貴ノ花→土俵上は貴ノ花が<u>登場している</u>。

划线部分的意义切断了前后句的联系，并将「だ」嵌入句末。实际上，划线部分所包含的复杂意义折叠成了一个「だ」或「です」。换言之，「だ」「です」扮演了重要的替身工作。这种「～は～だ」式的简洁表现是日语在句式构造上的一个特色，日语中又可以称之为"压缩形"的句式。

高桥(1984)从"名词谓语句中主语和谓语的意义关系"的视角出发，将名词谓语句的基本意义关系总结为以下八种类型。

　　①下位・上位关系：人間は哺乳類です。
　　②同一关系：富士山は日本一の山です；正方形は直角正四辺形です。
　　③对象・属性关系：太郎は先生です。
　　④对象・事象关系：父が帰宅です。
　　⑤要素・集合关系：雄は性別です。
　　⑥ウナギ句关系：以「太郎はウナギです」为代表的句式，可以根据语境解释为「太郎はウナギを食べます」。也可以解释为，有一条名叫"太郎"的鳗鱼，直接按照字面意思解释为"太郎是一条鳗鱼"。
　　⑦比喻关系：花子の手は紅葉だ。(A 的属性与 B 的显著属性叠加的隐喻：花子の手が紅葉のように小さく、かわいい)
　　⑧同语反复同一关系：太郎は太郎です。

如上所述，名词句的意义解释有变形操作和主谓关系两种完全不同的视角。特别是高桥(1984)所列出的"对象・事象关系：父が帰宅です。"是本书研究对象的动名词句，遗憾的是，高桥并没有对此展开详细的分析。共通的启益是，句子的构成对于意义解释非常重要。井岛是这类研究的代表性人物。井岛(1998b)将名词谓语句的意义构造分为事态构造、格构造、谈话构造等多种构造，进行了多角度地考察。由此可知，句子的意义并不等于构成句

子的所有词语意义的总和,还要通过考察句子的构成来推断全句的意义。

在下一节中,我们将通过与名词句进行比较,探索动名词句的命题构造。

第二节 动名词句的命题构造

句子由表示客体性素材的部分和表示发话人主体性态度的部分构成。益冈(1987)将表示客体性素材的部分称为"命题",表示主体性态度的部分称为"情态"。本书也沿用这一概念对动名词句的命题构造进行分析。

高桥(1984)指出,主语和谓语的意义关系是句子命题构造的核心,句子的命题构造必须根据主语和谓语的意义类型分类考察。高桥(1984)还指出,句子主语和谓语的意义关系通过承担句子的内容,与作为句子形式的陈述性相关。换言之,句子的形式与句子的意义相关,句子的意义则必须从句子的形式开始分析。

名词句的一般形式是「AはBだ」,「Bだ」的部分是名词,也就是被客体化的事物。因此,意义判断不得不转换为与前述相当于主语的事物的关系判断。田中伊式(2012)指出,动名词句是将原本动词谓语句的句末变为"名词＋です"的名词谓语句,从某种意义而言,可以说是动词句和名词句"嫁接"形成的特殊的句法构式。南不二男(1993)将这种"嫁接"构造的句子命名为"假性名词谓语句",并举了以下例句。

①工事は、今日中に終了だ。

通常的动词谓语句会说「工事は、今日中に終了する」,但这里没有使用サ变动词,而使用了「終了だ」这一"动名词＋だ"模式。

益冈、田洼(1992)将这种以「Xは」形式表现句子陈述对象的要素称为"主题",并根据主题的有无将句子分为"有题句"和"无题句"。有主题的句子是"有题句",无主题的句子是"无题句"。在日语中,主格后接「は」还是「が」是有区别的。仅一个助词之差,会使得句子在形式、意义构造上产生巨大的区别。

1. 有题动名词句

「AはB(名詞)だ」句式的名词句是有题句。菊池(1997)指出,「は」最常

见的用法是把句子分为「課題(トピック)Tの提示」和「その話題の部分が、どうしているか(コメント)C」两个部分,即「Tについて述べるとC」的陈述方式;与之相对,「が」采用的是客观、完整地叙述「何がどうした」事态的陈述方式。一般而言,「Xは～述語」形式的句子是对有关 X 的某事的陈述。例如「次郎は仕事で忙しい。」这句话,先是指出「次郎」这个人物,然后添加「仕事で忙しい」的说明。

众所周知,位于句末支撑句子的是"谓语"。"谓语"是句子的中心要素,谓语的内容决定了句子的大致框架。有题句的场合,谓语体现主题的属性(性质或特征)。例如,「日本人は勤勉だ。」「花子は忙しい。」等就属于这一类。

动名词的场合,形态上是「AはB(動名詞)だ」的形式。例如:

②問題は解決だ。

在例句②的「問題は解決だ。」中,在「は」之前出现了「問題」的部分(A),因此是题目。与这个被作为主题提出的题目相对的,回答其是什么、怎么样的「解決」的部分(B)是谓语。「何は」新提示的话题,是可以通过谈话脉络推断出的已知的共通题目。发话人就题目做出自己的判断,给出相当于「解決」的答案。换言之,发话人从复数的事件(B1、B2、B3、B4…)中,选择与题目(A)对应的事件,并将两者用「は」连接做出判断。

这里的「解決」当然是动名词,从意义上来看,「解決だ」相当于「解決した」「解決し終わった」等,带有表示"完成"的意义。因此,与其说这个「解決だ」是表示动作,不如说其表示体态更为恰当。

换言之,动名词表示的是动态的动作、运动,而「AはBだ」这一有题句表示的是静态的属性、状态,两者之间的对抗性很明显。为了折中这种对抗性,在这个场合,动名词句表示的不是动作而是体态。

铃木(2010)、田中(2012)指出,动名词句有"无题句"的特征。也就是说,由于其动作性,动名词句很少作为有题句使用。与之相对的,名词谓语句研究在初期只将有题句作为研究对象。这是因为,与动词谓语句等相比,名词谓语句大多数作为有题句使用。

总之,动名词句由于其动作性,与动词句相近。不仅很少作为有题句使用,即便是作为有题句使用的场合,表示的也不是动态的动作而是静态的体态。

2. 无题动名词句

「AはB(名詞)だ」形式的名词句是有题句，与之相对的「AがB(名詞)だ」形式的名词句则是无题句。

由于「が」用于客观、完整地叙述「何がどうした」的事态，本质上而言表示的是主格。也就是说，「が」的功能是"表示动作的主体"，用法是"表示主语"和"客观地描写"。从其与动作的意义关系来看，是发出动作的动作主体；从句子的表现功能来看，是客观性描写。当谓语是动态谓语的场合，可以是有题或无题句；客观描写观察到的事态的场合，则是无题句。因其不加任何主观因素地描写现象，这类句子通常也被称作"现象句"。(如「バスが来た。」「会議が定刻に始まった。」等)同时，即便谓语是状态性谓语，表示暂时性状态的存在时，也可以用现象句(「雨が降っている。」「近所が火事だ。」等)[①]。

田中(2012)指出，将句子分为A(主题部)与B(谓语部)考察时，标题句通常不是「AはBです」句式，而是「AがBです」。换言之，标题句通常是无题句。铃木(2010)也指出，新闻报道中的动名词句的句式特征之一就是"不提示主题的无题句"。

(1)津波で被災しながら復活したサンマ漁船が出港です。
(2)夏の高気圧が本領発揮です。

上述无题句转换为有题句后如下所示。

(3)？津波で被災しながら復活したサンマ漁船は出港です。
(4)？夏の高気圧は本領発揮です。

如前所述，「が」表示主格，而「は」表示主题。考虑上例句(1)(2)中，发话人想对听话人传达的信息是分别是「出港」和「本領発揮」，此时谓语部分是句子的中心。这种场合下，使用能够"客观、完整地陈述事态"的「が」当然是合适的。但是，把无题句(1)(2)转换为有题句(3)和(4)后，却会显得不自然。这是因为，「は」发挥着提示主题的功能，此时句子的中心变成了主题「漁船」和「高気圧」。

实际上，「出港」「発揮」等词由于动作性强，从事态叙述的意义而言，构成无题句并无悬念。但如以下句子的场合，即使谓语几乎没有动作性，仍然可

以是无题句。

(5) 桜が満開だ。

例句(5)中的「満開」与其说是动作,不如说是"状态"更贴切。由于无题句"客观、完整地陈述事态"的特征,这也是一个自然的无题句。也就是说,这句话客观描写了眼前「桜が咲き乱れる」这一状态。

总之,由于动名词句具有动作性,较多使用具有"客观、完整地陈述事态"功能的无题句。当然,无论是有题句还是无题句,都有省略句子的主题或主语、或是通常情况下没有主语的情况。这种场合,句子以「動名詞+です」的形式出现,无题句只由谓语部分构成。

第三节　句子的构造和叙述类型

叙述是指以现实世界为对象,将某事概念化的过程。根据叙述性质的不同,可以分为"属性叙述"和"事象叙述"两种类型。区分这两种类型对于分析句式构造及各方面都有着积极的意义,对于句子的意义解释也起着重要作用。

1. 属性叙述

益冈(1987)认为,"属性叙述"是指叙述所给出对象的属性(性质或特征等)。②表现属性叙述的"属性叙述句",在句式构造上由表示对象的成分和表示对象属性的成分构成。例如,在「山口先生は生徒に厳しい。」这一属性叙述句中,「山口先生」是对象成分,「生徒に厳しい」是表示属性的成分。

属性叙述的重点在于连接特定的对象和特定的属性。这种类型的叙述中,对象需要属性的存在,属性需要对象的存在。因此,在属性叙述句中,表示对象的成分和表示属性的成分是相互依存的关系,两种成分在句法构造上都不可缺少。分析属性叙述句的构造时,可以将其看作表示对象的名词节和表示属性的谓语节的结合体。同时,益冈(1987)指出:"作为属性叙述句的重要特征之一,表示对象的成分在主句中一般以"主题"的形式体现。"换言之,属性叙述句的形式是有题句。

2.事象叙述

益冈(1987)认为,"事象叙述"是指叙述事件(动作)或静态的事态(暂时性事态)。③表现事象叙述的"事象叙述句",是以集中表达事象全貌的谓语和表示事象参与者的名词节为中心构成的。例如,「山口先生が生徒をしかった」「山口先生が生徒に呼びかけた」这两个事象叙述句中,「山口先生」是表示事象参与者的成分,「生徒をしかった/生徒に呼びかけた」是表示事象的成分。

事象叙述句中需要怎样的名词节、需要多少名词节,由各自的谓语决定。换言之,谓语由于其内在的性质④,需要特定名词节的存在。

例如,「しかる」这一谓语的场合,需要表示动作主体(Agent)和对象(Theme)的两个名词节。用影山(1993)的"词汇概念构造"(LCS)表示如下。

しかる:(Agent<Theme>)

名词节的排列依存于谓语,从这个意义而言,事象叙述句的核心成分是谓语,而名词节是谓语的"补足语"。作为核心成分的谓语,在构造上是不可缺少的成分,除了某些特殊语境外不能省略。与之相对的,补足语对于事象叙述而言并非不可或缺,是否需要补足语根据信息传递的具体条件而定。例如:

↓行く:(Agent<>)
↓行く:(Agent<Goal>)
↓行く:(Agent<Goal><Partner>)
↓行く:(Agent<Goal><Partner><Tool>)
……

如上例所示,在「行く」这一动词的词汇概念构造中,根据信息传达的必要性,不断增加补足要素。因此,这个包含核心成分的句子,根据信息传达中的具体条件,可以遵循以下流程。

「僕は行く」→「僕は図書館へ行く」→「僕は彼と図書館へ行く」→「僕は自転車で彼と図書館へ行く」……

属性叙述句由于其类型特征,在主句中一般以有题句的形式出现。事象叙述句是用有题句还是无题句,通常由谈话级别的条件决定。

综上所述，有题句、无题句和属性叙述、事象叙述的相互关系总结如下。

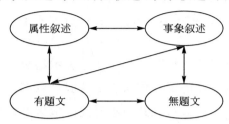

图 8.1 叙述类型和句式构造的关系

事象叙述的场合，既可以是有题句也可以是无题句。但由于是叙述事情（动作）或静态的事态（暂时性事态），更多地使用带有现实性、临场感的「が」。因此，本书为方便起见，将无题句定为事象叙述、有题句定为属性叙述，分别考察其意义关系。

第四节　叙述类型和句子的意义

句子的意义是事件性意义和陈述性意义的统一体，也是客体性内容和主体性内容的统一体。句中事象在语言活动中，通常用句法来表现，有时也表现为发话人的主体性心情。在这一场合，发话人的主体叙述类型，即前述的事象叙述和属性叙述的类型，也与之相关并参与关系建构。

1. 属性叙述的意义

如上所述，属性叙述的关键在于，连接特定的对象和特定的属性。在属性叙述句中，表示对象的成分和表示属性的成分是相互依存的关系，两种成分在句法构造上都是必需成分。因此，在意义解释时，必须把表示对象的名词节和表示属性的谓语节统合起来分析。

(6) 宇宙旅行は、今年中に実現です。

例句(6)是「AはBだ」句式的有题句，属于属性叙述。菊池(1997)指出，「は」最普通的用法是，把句子分为"话题 T 的提示"和"话题部分怎么了（评价）C"两个部分，使句子成为"关于 T 的叙述即是 C"的叙述方式。换言之，有题句

的意义构造是「T+C」。根据这一说法，例句(6)有如下的双层意义构造。

「宇宙旅行について述べると、それは今年中に実現です」
　　T(话题)　　　　　　　　　　C(评价)

吴大纲(2006)指出，"属性"一词，狭义上表示超越时间的恒常性质，广义上也表示在特定时刻成立的运动和状态等暂时性状态。在例句(6)中，「今年中に実現です」不是「宇宙旅行」的"超越时间的恒常性性质"，而是"特定时刻成立的运动或状态"，因此应该属于广义的"属性"。

(7)このホテルは安藤忠雄氏設計です。

相对于例句(6)而言，例句(7)表示的是主题「このホテル」的分类属性。「安藤忠雄氏が設計されたこのホテル」有着「安藤忠雄氏設計」这一天然的恒常属性。根据这一点，例句(7)属于狭义上的"属性"。但在意义上而言，与例句(6)一样，例句(7)也可以表示为如下的双层意义构造。

「このホテルについて述べると、それは安藤忠雄氏設計です」
　T(话题)　　　　　　　　　　　　　C(评价)

众所周知，句子的意义未必只有一个，而是会根据语境的不同有所不同。根据在句子之前有怎样的"前提(先行语境)"，传达信息的焦点的位置会有所变化。从信息传达的角度而言，通常「が」表示未知的新信息，「は」表示已知的旧信息。因此，有题句中的主题是发话人和听话人都已知的旧信息。换言之，有题句是有前提(先行语境)的句子。例如，「宇宙旅行は、今年中に実現です」一句中，可以推测出如下前提。

①「宇宙旅行は、いつ実現するか？」→
　「宇宙旅行 は 、今年中に実現です。」

这是可以成立的有意义的对话。但是，

②「宇宙旅行は、いつ実現するか？」→
　?「宇宙旅行 が 、今年中に実現です。」

这一对话不成立。另外，

③「今年に実現するのは、何の旅行か？」→

　　　　　?「宇宙旅行 は 、今年中に実現です。」

这一对话也不成立。但是，

　　　④「今年に実現するのは、何の旅行か？」→
　　　　「宇宙旅行 が 、今年中に実現です。」

可以成立。

比较上述对话可知，「宇宙旅行は、今年中に実現です」这句话中，B（今年中に実現です）的部分是陈述的焦点。另外，以「このホテルは安藤忠雄氏設計です」为例：

　　　⑤「このホテルは、誰によって設計されたか？」→
　　　　「このホテルは<u>安藤忠雄氏設計です。</u>」
　　　⑥「安藤忠雄氏が設計されたのは、どのホテルか？」→
　　　　?「このホテル は 安藤忠雄氏設計です。」
　　　　「<u>このホテル が</u> 安藤忠雄氏設計です。」

也就是说，「このホテルは安藤忠雄氏設計です」一句中，传达信息的焦点也同样在 B 的部分。如果设置如例句⑥那样的前提，回答的句子就会变为「このホテル が 安藤忠雄氏設計です」这一无题句。总之，在有题句「AはBだ」中，从句法构造而言，A 和 B 两个成分都是必要的；但从意义构造而言，陈述的中心是 B，可以称之为后项焦点句。

2．事象叙述的意义

事象叙述句由集中表达事象全貌的谓语和表示事象参与者的名词节为中心构成。天野（1998）在再次规定"前提·焦点"的概念后指出，「AがBだ」句就像一直以来说明的那样，表达的是"要说成为 B 的东西是什么的话，那就是 A"的意义。也就是说，除了「〜が」是焦点节的句子（前项焦点句）之外，还存在表示"要说成为 A 的东西是什么的话，那就是 B"的"B"是焦点的句子（后项焦点句），以及全句都是焦点的句子（全体焦点句）。天野（1998）还指出，「が」本身并不能显示焦点节在句中的位置，焦点节的位置要根据语境和

具体情形确定。然而,焦点节的位置完全依存于语境和具体情形吗?是否会有些句子,能够只根据句子的构造来解释前项或后项焦点句?本节从这一观点出发,探究事象叙述句的意义解释。

「AがBだ」句式的事象叙述句以集中表达事象全貌的谓语和表示事象参与者的名词节为中心构成,但在具体句子的构造中,用怎样的名词节、需要多少名词节,是由各谓语决定的。根据具体情况,也有很多只存在谓语的句子。而且名词节的排列依存于谓语,从这个意义而言,可以说谓语是事象叙述句的意义核心所在。

(8)日本中を沸かせたメダリスト2人が、被害地を訪問です。

(9)タイトル奪回を賭けて、王者〜と対戦です。

(10)大晦日から元旦にかけて、警察が正月暴走を厳重に取り締まりです。

上述句子中,例句(8)和(10)是「AがBだ」的形式,例句(9)只有「〜Bだ」的结构,省略了「A」的部分。田中(2012)就「宇宙旅行が、今年中に実現です」这一事象叙述句指出这句话的意思是今年内将要实现的不是深海旅行也不是北极旅行,而是「宇宙旅行」。同时表示填补「X 旅行が今年中に実現する」句中 X 的不是「深海」,也不是「北極」,而是「宇宙」。如果把「宇宙旅行」读成重音,可以更加凸显出这层意义。从前提和焦点的对应关系判断,这句话可以看成是焦点在 A 的句子。

从功能上而言,「が」表示的是未知的新信息。在谈话层次上,确实更容易接受焦点在 A 上的解释,但像例句(9)这样只有「〜Bだ」而省略了「A」部分的场合,还是难以接受焦点在 A 的解释。

由上述可知,事象叙述句的意义核心在谓语。也就是说,谓语部分的动名词本身就是句子意义解释的核心所在。这里将通过词汇概念构造(LCS),对「AがBだ」句式的意义解释进行再考察。

訪問:(Agent＜Theme＞)

対戦:(Agent＜Partner＞)

取り締まり:(Agent＜Theme＞)

根据上述 LCS 可知,「訪問」的必须项包括动作主体(agent)和目的语

(theme)，「対戦」的必须项包括动作主体（agent）和对象（partner），「取締り」的必须项包括动作主体（agent）和目的语（theme）。换言之，即使没有上述谓语之外的项成分，也可以根据这些谓语推断出省略的项。具体而言，「訪問」包含着「誰が、どこを」、「対戦」包含着「誰が、誰と」、「取締り」包含着「誰が、何を」的意义要素，可以根据谈话的语境或其他前提，把握全句的意义。因此，即便是省略了前项 A 也可以是一个合格的句子，这是因为可以通过谓语的 LCS 来补充缺省的项。

　　以上针对事象叙述句的构造和焦点节的位置进行了考察，结果显示，在句法构造上有 A 句节出现的情况，也有不出现的情况；在意义上，谓语发挥着核心功能。通过 LCS 还可以包含句子的其他项成分的意义。也就是说，「AがBだ」句式由于其构造上的原因，容易被解释为接受前项焦点句，但从 LCS 或语境等视角来看，更多情况下可以解释为后项焦点句。

本章小结

　　本章的主要研究对象是动名词句的意义解释。首先，阐述了名词句的意义解释。名词句主要通过主语和谓语的相互关系或传达的场合来把握句子的意义。就句子的意义而言，名词句根据使用场合的不同，可以有言内、言外等多种意义解释。相比之下，动名词句的意义范畴较窄，意义解释也和句子形式的关系更紧密。这是因为，单纯名词表示的是抽象概念，可以根据适当的上下文进行多种多样的解释。而相比之下，动名词由于其动作性，只能表现更加具体的行为和动作。

　　句子的意义是事象性意义和陈述性意义的统一体，客体性内容和主体性内容的统一体。发话人的主体性叙述类型，即事象叙述和属性叙述的类型和句子的意义解释密切相关，并参与关系构建。动名词句在形式上分为有题句和无题句，在叙述类型上分为属性叙述和事象叙述。

　　有题句「AはBだ」属于属性叙述，在构造上 A 和 B 两个成分都是必要的，但在意义解释上，B 是陈述的中心，是后项焦点句。

　　另一方面，无题句「AがBだ」属于事象叙述，从句式构造上看，有 A 节的也有没有 A 节的。从意义上看，谓语是核心功能所在，通过 LCS 可以推测出

句子其他项成分的含义。「AがBだ」句式由于其构造上的原因，容易被解释为前项焦点句，但从LCS或语境等视角来看，更多情况下也可以解释为后项焦点句。

【注释】

① 与之相对的，设定某一主题，表示与其相关的事态的场合，用有题句。例如,「会議は、予定通り3時に始まった。」「太郎は、昨日の午後私に会いに来た。」等。

② 影山(1993)把超越时间推移记叙主语恒常属性的功能称为"属性叙述"。

③ 影山(1993)把描写具体时间、空间中发生的事件或状态的行为称作"事象叙述"。

④ 这与影山(1993)的"词汇概念构造"（LCS）相似。这一假说称，词语具有主要素（Governor）功能时，根据其词义的不同，与其共同出现的一致性短语或句子的从要素（Dependent）类别的种类、数量以及属于从要素的实质词的意义特征是确定的。

第九章
日语教学中的动名词应用

在目前中国日语教育中,"动名词"这个概念似乎并不为人们所熟知,但实际上,动名词以各种各样的形式融于日常日语学习与语言生活之中。本章将着重阐述在日语教学中动名词的各种表现与应用。

第一节　日语教学中的动名词

无论在哪一种语言中,名词与动词无疑都是很重要的词类。动名词因横跨名词和动词两大词汇体系,不仅在词汇方面,在表达方式以及语法作用上都显示了其独特的存在。

1. 词汇

从词汇方面来看,动名词的应用主要集中在サ变动词、动词连用形以及词性转换三个领域。

A. サ变动词

サ变动词贯穿于日语教学的初级到高级,是十分常见的词类。据《新潮现代国语字典》统计,在总计 15506 个日语动词中,サ变动词一共有 10519 个,占 68%。サ变动词不仅只是由汉语中的二字熟语组成,也包括使用英语等借入语以及和语中的熟语构成的、例如「ドライブする」(遭遇麻烦)、「デートする」(约会)和「立ち読みする」(站着读)、「がぶ飲みする」(咕噜咕噜地

喝)等词汇。长谷川(1999)指出,不可以将「VNする」动词与和语动词混为一谈。而且,「VNする」与「VNをする」形式都是我们经常能在教学过程中看到的サ变动词的"异形态"。

(1) a. 麻子が戦後史を研究している。
    b. 麻子が戦後史の研究をしている。

影山(1993)、小林(2004)都将"可变为サ变动词的词"规定为"动名词"。如例(1)所示,由二字汉语构成的动名词在变为动词的场合,有「VNする」与「VNをする」两种形式。但是,并不是所有的「VNする」形式都可以与「VNをする」互换。在自动词词性的动名词的场合,格助词「を」是不能与之连用的,这种情况下「VNする」形式就不可以与「VNをする」互换。实际上,「VNする」与「VNをする」这两种形式还涉及其他的关联性问题。这些问题中有些可以根据动名词的二重性的理论来分析,有些则是解释不了的。总之,即使放在动词中来看,动名词的存在也是不容忽视的。

B. 动词连用形

从初级学习开始,我们常常能见到这样的句式:「花を見に行く」,用动词的连用形来表示移动动作的目的。山田语法将这种用法称为"目的准体言",但是似乎并不是那么容易就能判断动词连用形究竟是名词还是动词。谷口(2007)指出,确定一个动词连用形名词化的统一评判标准是很难的,而一般拍数少的词语(尤其是变成连用形后就是1拍的词语)[①]的连用形名词化则更加困难。

(2) 原因がわかりさえすれば、それでいい。
(3) 番組が廃止になりでもしたら、…一挙に犯罪がふえることでしょう。
(4) 人は不安を抱きはするが、行動の点ではおとなしいものだ。
(5) 立会人なしで弁護士と接見もできる。
(6) 久能らは何となく満井君の学究的な態度に、同情もしたが。
(7) それでも大橋は門限の時間が迫ってきたのを忘れはしなかった。

以上的例句中,例句(2)(3)(4)(7)的用法属于"动词连用形的复合形式",而例句(5)(6)的用法则属于"助词插入"。那么这些词究竟是属于动词

还是名词就更加难以判断了。但另一方面,这些用法却是在现今的日语教育中经常能见到的。邱根成(2001)认为这些词应全部归纳为"无活用动词"。的确,由于助词的插入,在某种程度上赋予了该动词以名词性特征;但是另一方面,助词的插入这一语法操作并不是所有动词都能适用,而是仅限于说话人想要强调某种意义的场合。总之,以上例子都是动词性的用法,我们认为助词的插入是为了给这个动词添加说话人的某种特定情绪。

C. 词性转换

如图 9.1 所示,动名词由于具有二重性词汇特征,因此在动词转化为名词以及名词转化为动词的词性转换过程中,发挥着桥梁性的作用。

图 9.1 词性转换中的动名词

如上图所示,动名词勾连名词和动词这两大词性体系。动名词的介入使得动词与名词之间的相互转换变得简单可行。具体来说,动名词与功能性动词「(を)する」相结合,构成动词基本型,动名词转化为了动词。另一方面,我们不能单纯地说动名词只是名词的一个部分,因为动词的名词化词汇也是动名词,换言之,通过动名词,动词才能够变为名词。因此,在动词与名词的词性转换过程中,动名词是不可或缺的存在。

2. 表达方式

谷口(2007)为了比较动词性表达方式与名词性表达方式的差异,分析了以下用例后指出基于动词名词化而形成的动名词性表达方式与动词本质上动态性的表达方式相比较,前者具有让表达变得更加正式且严谨的功能。

(8) a. 彼女は泳ぐのが上手だ。
　　　b. 彼女は泳ぎが上手だ。

通过比较我们发现,直接用动词基本型「泳ぐ」的动词性表达方式的 a 句以及使用连用形「泳ぎ」(动名词)的名词性表达方式的 b 句,可以说无论哪一句从语法上来说都是正确的,并且内容上所表达的意义也大致相同。但是,

谷口(2007)进一步指出"对于以日语为母语的人来说，b句中使用动名词「泳ぎ」的这种名词性表达方式会让人感到稍许生硬"。

(9)a. 次の列車は10分遅れる見込みです。
　　b. 次の列車は10分遅れの見込みです。

这两个例句可以说在所表达的意思方面几乎没有什么差别，但即使这样，b句中的名词性表达方式还是能给人以一种稍微恭敬的感觉。

另一方面，谷口(2007)指出与动词性表达方式相比，动名词性表达方式有时会带来更加简洁且严谨的表达效果。

(10)a. この薬は食べ過ぎたときに良い。
　　b. この薬は食べすぎに良い。
(11)a. 飲みかけたコーヒーがテーブルに置いてある。
　　b. 飲みかけのコーヒーがテーブルに置いてある。

例句(10)(11)是关于表达动作的程度和相的复合词，但即使是在这种场合下，动词性表达方式(复合动词)与动名词性表达方式(复合动名词)，很多语境下无论使用哪一种都是可行的。一般来说，与a句中动词性表达方式相比，b句中的名词性表达方式更能给人一种简洁的感觉。

以下划线部分都是由两个反义动词的连用形组合而成的动名词(复合动名词)。在日常所用到的日语中，经常能见到以下这种(动)名词性表达方式。

(12)a. 漢字の読み書きは難しい。
　　b. この通りは人の行き来が多い。
　　c. 実家への行き帰りは飛行機を利用した。
　　d. 試合の勝ち負けにはこだわらないようにしよう。
　　e. 私は人とのお金の貸し借りはしない主義だ。

如果将以上动名词性表达方式变换为动词性表达方式，则就是如例句(13)所示。

(13)a. 漢字を読んだり書いたりするのは難しい。
　　b. この通りは大勢の人が行ったり来たりする。
　　c. 実家へ行くときも帰るときも飛行機を利用した。

d. 試合の勝ったり負けたりすることにはこだわらないようにしよう。

e. 私は人とのお金を貸したり借りたりしない主義だ。

通过比较(12)(13)中的各个例句,可以发现与例句(13)中的动词性表达方式相比,例句(12)中的动名词性表达方式能使人觉得更加简洁且严谨。同时,与动词性表达方式相比,这一类动名词性表达方式,作为人们熟练掌握的固定表达方式,可以说已经在日常语言生活中根深蒂固了。

而且,田中(2012)详细考察了句中助动词「だ(です)」的情态功能(说话人的认识、判断以及态度),并且举出以下用例,进一步比较了动词性表达与动名词性表达的差异。

(14) a. あなたとは、これで絶交します(する)。

b. あなたとは、これで絶交です(だ)。

这两个例句分别是使用サ变动词的动词性表达 a 句与使用「动名词+です(だ)」的动名词性表达方式 b 句。比较这两个句子会发现,这两句都表达了"绝交"的意思,但是与动词性表达方式相比,一般认为动名词性表达方式能使人感觉到更坚定的意志与决心。总之,说话者通过这种表达方式,强调了自己强烈的情绪,并且希望给听话者以某种冲击。

综上所述,我们认为在现代日语中,名词性表达、动词性表达以及动词性表达三种表达方式并列存在。关于动名词性表达方式,有关直播现场的这种表达方式,有人认为"能给视听者一种强烈的冲击,很有效",但是另一方面也有人质疑:"对于日语来说,这是否真的是一种合适的表达方式呢?"但是,正因为上述口语化表达的存在,即使不说动名词性表达是一种书面语性质的表达方式,单凭这种表达也存在于口语之中这一点来说,笔者认为就日语来说,动名词性表达不仅不是一种怪异的表达方式,在某些情况下,甚至可以说是一种必不可少的表达方式。

第二节　日语教学中的动名词应用

笔者已经从事了十几年的日语教育工作。在担任初级"精读"课程的授

课过程中,经常有学生们反映:"サ变动词太难理解了。"确实如此,在现今中国出版的日语教科书中,不论何种层次的版本,对于动名词,即使在没有功能动词「する」的情况下,依然将它的词性定义为"サ变"。这就产生了词性(サ变)与词形(名词)上的矛盾。这样一来学生们抱怨也就情有可原了。因此,笔者认为改变这种将动名词等同于サ变动词的传统思维,并且在日语教育中倡导动名词的运用是很有必要的。

1. 词汇练习的应用

正确掌握日语词性体系中动名词的所占的比例并不那么容易。但在日常的日语教学中,以汉语、动词连用形等形式出现的动名词极其常见,并且大多词汇稳固度很高。一般来说,对于语言学习者而言,无论是谁,词汇的积累都是非常重要的。虽然熟练运用的词汇越多,并不代表语言能力就越强,但是正所谓"巧妇难为无米之炊",词汇是语言能力提高过程中不可或缺的基础性要素。正如之前所阐述的那样,动名词是词性相互转换的桥梁,因此在词汇练习中,动名词也发挥着其不可替代的作用。

具体来说,词汇练习中动名词的作用不局限于名词转换为动词、动词转换为名词的词性转换中,在新词的生成方面,动名词在派生词、复合词等领域也发挥着强大的造词能力。例如②:

A. 動名詞+用

料理用　洗顔用　連絡用　渡航用　潜水用　再生用　振込み用
取調べ用　煮炊き用　荷造り用　山歩き用　引き越し用
払い戻し用

B. 動名詞+上手

物まね上手　買い物上手　運転上手　木登り上手　洗濯上手
きりもり上手　やりくり上手　料理上手　逆立ち上手

C. 動名詞+方法

治療方法　研究方法　調査方法　調理方法　操作方法　運転方法
作業方法　選別方法　選出方法　取り締まり方法　払い込み方法
払い戻し方法　取り消し方法　請負方法　支払い方法　受け取り方法
テスト方法　チェック方法

D. 動名詞＋人（にん）

案内人　看護人　鑑定人　管理人　発起人　料理人　奉公人
苦労人　後見人　口述人　在京人　留守人　参考人　支配人
借家人　受信人　けが人　謀反人　商売人　世話人　選挙人
相続人　代理人　編集人　貧乏人　保証人　弁護人
請け負い人　受け取り人　介添え人　指図人　勤め人　下請け人
支払人　立会人　仲買人　遊び人　荷受人　引受人　振込み人
口入人　振出人　差出人　雇い人

同时，通过对以下近义式单词的替换练习，语言学习者们不仅可以进一步理解该词的意义，还能大大丰富自己的词汇量。

問い⟷質問　争い⟷紛争　訴え⟷要求　頼み⟷依頼
務め⟷勤務　誤り⟷失敗　真似⟷模倣　願い⟷願望
親しみ⟷好意　憎しみ⟷憎悪　知らせ⟷通知
付き合い⟷交際　泊まり⟷宿泊　間違い⟷失敗
見込み⟷予想　うぬぼれ⟷自慢

最后，除了单词练习以外，如下列划线部分所示，以语句为单位的词汇练习对于语言学习者来说，也是非常有效的。

(15) a. 責任者との話し合いが必要だ。
　　　b. 神戸への到着は7時ごろになるだろう。
　　　c. 私へのご遠慮は無用に願います。

总之，通过这样的词汇练习，语言学习者们不仅仅是对动名词，对于与之相关联的词汇也能有所掌握。同时，这类练习与掌握词语乃至语句的内容也是有着紧密联系的。

2．语句练习的应用

谷口（2006）通过将动词连用形动名词插入到既有的句型中，尝试了句型指导的新方案。例如，类似于「XはYが～（形容詞）」这样所谓的二重主语句，对于已经学过这个句型的学习者来说，下面的句子练习是非常有效的。

(16) a. 彼女は泳ぎが上手だ。
　　　b. 彼女は泳ぐのが上手だ。

如例句(16)所示，在这个句型中，「Y」的部分插入了动词连用形「泳ぎ」，句子就变成了 a 句。如果将「泳ぎ」换回动词「泳ぐ」的话，句子就变成了 b 句。因为「泳ぎ」是动名词，本身有名词的性质，所以就可以直接形成「泳ぎが」短语，而与之相对，「泳ぐ」是动词，不可以直接用「泳ぐが」，因此要想从 a 变成 b，就需要将其形式名词化，变为「泳ぐの」。在语言教学指导过程中应该要将这一点传达给学习者。

另外，如下面所示的分别是"动词＋动词""名词＋名词""动词＋名词"以及"名词＋动词"的组合，但无论哪一种语法上都是正确的。这里交织着动词连用形、动词「た」「は」和「のは」的区别以及「た」形的活用方法等诸多词汇方面、句法方面的问题。

(17) a. 生まれたのは関西ですが、育ったのは関東です。
　　 b. 生まれは関西ですが、育ちは関東です。
　　 c. 生まれたのは関西ですが、育ちは関東です。
　　 d. 生まれは関西ですが、育ったのは関東です。

通过上述练习，学习者们能进一步扩大自己的日语表达范围，并且还能够掌握名词与动词的词性转换过程中需要注意的相关语法点。

从笔者多年从事日语教学的经验来看，很多日语学习者都没有机会去正确且熟练地使用动名词，这可以说是当前日语教育的实际情况。例如，以下例句(18)就是外国日语初学者多用的表达方式。

(18) a. 行くときは新幹線で、帰るときは飛行機です。
　　 b. 大学へ行くバスはどれですか。
　　 c. 家賃は公益費を入れて3万円です。
　　 d. 5時に駅で友達と待ち合わせます。
(19) a. 行きは新幹線で、帰りは飛行機です。
　　 b. 大学行きのバスはどれですか。
　　 c. 家賃は公益費込みで3万円です。
　　 d. 5時に駅で友達と待ち合わせです。

比较上述例句我们可以发现，虽然不能说例句(18)的表述方式存在错误，但是日语母语者一般会选择例句(19)中运用动名词（动词连用形）的表述

方式。这是因为在很多场合下，运用动名词的表达方式会给人一种更简洁的、更地道的感觉。

另外，对于初学者来说，下面的句子应该也可以作为句法练习的内容之一。例如：

(20) a. 行くときは電車で、帰るときはバスだ。
　　 b. 行きは電車で、帰りはバスだ。

如例句(20)所示，在一个句子中运用了两个对偶式的动词，这种场合下，作为句子的表达方式，哪一句都是可行的。但是如果如下例所示将这两句话换一种方式表达，其实也是可行的。

(21) a. 行くときは電車で、帰りはバスだ。
　　 b. 行きは電車で、帰るときはバスだ。

如例句(21)所示，尽管在同一个句子中混合着动词性的、动名词性的表达方式，但是作为一个句子，仍然有其语法正确性。因此，在教学指导上，我们应该清楚明了地将这些句子的表达方式中所存在的极其微妙的差别传达给学习者。

类似上述的句子表达方式对于初学者来说可能会有困难，但是对于中级以及高级的学习者来说，以下从动名词转变为动词表达方式的句法练习应该是很有效的。例如：

(22) a. 滝行と称し娘を窒息死させた父親に判決です。
　　 b. オリンピック開幕まであと4日、大会注目のアスリートを特集です。
(23) a. 滝行と称し娘を窒息死させた父親に判決が出た。
　　 b. オリンピック開幕まであと4日、大会注目のアスリートを（私たちが）特集する。
(24) a. 3時に駅で待ち合わせです。
　　 b. 3時に駅で待ち合わせます。

分析以上例句，我们认为例句(22)中的动名词性表达与例句(23)中的动词性表达在语法层面上都是可行的，但是显然例句(22)中的动名词性表达方式更加正式并且简洁严谨。究其原因是因为「です・だ」接在动名词之后构成动名词谓语句，使得整个句子形式完备。但是根据语境的不同，其功能不

仅限于此,有时还能发挥强烈的"提起话题"的作用。具体来说,例句(23)只是单纯地将发生(或者是已经发生过的)的事件明确地描述一遍,而与之相对,动名词句(22)通过将事件标题化,给听者以一种结构紧凑且富于冲击力的感觉。

另外,例句(24)中的 a 句与 b 句都是很自然、地道的日语,而且也不会像例句(22)与例句(23)一样让人感受到因表达方式不同而产生的差异。这是因为,例句(24)中的 a 句与 b 句都是日常生活中常见的日语表达,并没有特别的文体性特点。

通过这样的句子练习,学习者可以掌握动名词性表达方式,并且还能进一步丰富自己的日语表达技巧。很显然,能够熟练掌握动名词的用法对于很多非日本本国的日语学习者来说都不是一件容易的事。但对于任何日语学习者来说,若想自己的日语更接近日语母语者,动名词性表达方式则是必须要熟练掌握的一个学习项目。因此,如何高效地学习动名词是日语教育的两大主体——教育者与学习者应该直面并且思考的课题。

第三节　对于日语教育的建议

如前所述,当前,在中国的日语教育中,动名词往往总被和サ变动词混为一谈。日语教科书以及词典中也都没有对动名词的概念进行详细解释。但是,对于任何一个日语学习者来说,要想自己的日语水平更接近日语母语者,毋庸置疑,动名词表达方式都是必须熟练掌握的一个学习项目。因此,从日语教学的立场来看,至少对于站在教学最前线的两大主体——教育者和学习者来说,应该重视培养动名词概念的运用能力。

1. 教学建议

毫无疑问,要想将动名词这个概念引入日语教育中,教师是最有力的主体。这是因为中国现有的日语教育体系,说到底还是教师主导型,学生们只能跟着老师去学习。因此,作为主导者的教师,应该要先对"什么是动名词、动名词对于句子的构成有着什么样的影响、应该要怎样进行动名词教学"等问题进行深入思考。明确了这几点之后,就要深入研究怎样将动名词的概念

导入到当前的日语教学中,怎样有效利用课堂时间去弥补教科书中的不足之处,将自己所掌握的动名词知识在日语教育中灵活运用,培养学生的日语语言能力。

实际上,笔者曾经就教学中的动名词与サ变动词对以中文为母语的学生进行过问卷调查。得到的结果是,对于中国的学生来说,与サ变动词相比,动名词更为容易理解。究其原因,"动名词"是一个连体修饰词,"动"修饰"名词",因此,动名词的字面意思就是"动的名词、或者是表现动作的名词"。而这种认知方法与中国人的语言习惯、认知习惯都相一致。因此,建议先教给学生与动名词相关的知识,然后通过应用练习来检验学生的学习情况。

2. 学习建议

与日常生活中的日语口语表达方式不同,动名词表达方式具有正式、简洁的特点。一方面,因为在现今的中国,很多学习者都将日语看作就业或留学的工具,所以大部分人只重视日常口语交流能力的培养。因此,日本的电视剧、动漫和电视节目就成了学生们课下学习日语最常用的手段。而在这些场合中,有很多很生活化、很随意的表达方式,甚至为了吸引视听者的兴趣而特地采用的一些奇怪的表达方式。与此相对,新闻与报纸之类的媒体具有公众性,通常会采用正式的、规范的表达方式。陈林柯(2011)比较了这两种学习材料,认为二者各有短长,并进一步指出"要想能够正确地说好日语,还是选用规范性的新闻节目和报纸比较好"。

说到动名词句的使用范围,自然是诸如新闻节目以及报纸这类使用书面语的场合占绝大多数。但是,铃木(2011)指出报纸的投稿栏以及杂志的散文,或者是网上的记事博客等,经常使用很生活化的词汇,甚至有将口语直接文字化的情形,但就在这种媒体之中,较为正式规范的动名词句也经常能看到。田中(2012)也指出,事实上,动名词句表达方式存在于日常"口语"之中。例如,「来る」的尊敬语是「見える」,我们经常会说「○○さまが、お見えです」;将刚刚做好的菜肴端到餐桌上会说「はい、できあがりです」等,这些场合通常都会使用动名词表达形式。

总之,动名词句绝对不是远离日常生活、会让人产生距离感的表达方式。作为非日语母语的学习者,要想尽可能地掌握地道的日语,不学好动名词性表达方式很难做到。

本章小结

在当前中国的日语教育中,动名词的概念还不为人所熟知,这是无法否认的事实。一直以来,动名词往往被和サ变动词混为一谈,因此人们忽视了它在构句上的独特作用以及在日语教育中所扮演的重要角色。但在日语教育的任何一个阶段,动名词都是不容忽视的存在。

本章将日语教育中的动名词表现方式分为词汇和语法两个部分进行了整理归纳,并且阐述了日语教育中动名词的应用问题。最后就如何将动名词的概念引导到日语教育中,如何利用课堂教学去培养学生的日语能力等问题,对教育者与学习者提出了相关建议。

【注释】

① 确实从「見る→？見」「する→？し」「着る→？着」「来る→？来」等例子来看,变为连用形之后就变成了1拍的词,似乎不能再名词化了;但是像「死ぬ→死」这样的例子也有,因此绝对的规则难以确立,只能依据各个动词的特有性质而定。

② 实际上,以动名词为形成要素之一的现有的复合语在日语中的有着庞大的数量,因为篇幅问题,无法一一列举,详细说明请参照第四章。

参考文献

[1] 天野みどり 1998「「前提・焦点」構造からみた「は」と「が」の機能」『日本語科学』3 国立国語研究所 PP.67－84

[2] 池上禎造 1984『漢語研究の構想』岩波書店

[3] 井手至 昭和57「意味上の文の種類とその構成・史的考察」『講座日本語学・2 語法史』川端善明他 明治書院 PP.48－50

[4] 伊藤たかね、杉岡洋子 2002『語の仕組みと語形成』研究社

[5] 井上和子編 1989『日本語法小事典』大修館書店

[6] 市川保子 1990「名詞述語文「～は～です」の意味と機能に関する一考察」筑波大学文藝・言語学部 文藝言語研究、言語編 第18巻 PP.53－67

[7] 大島資生 2003「動名詞節について」『東京大学 留学生センター紀要』第13号東京大学留学生センター〔編〕

[8] 奥田靖雄 1977「アスペクトの研究をめぐって――金田一の段階――」『国語国文』8 宮城教育大学

[9] 小川芳男他編集 1982『日本語教育事典』大修館書店

[10] 奥津敬一郎 1978「ボクハウナギダ」の語法－ダとノー くろしお出版

[11] 大島資生 2003「動名詞節について」『東京大学 留学生センター紀要』第13号東京大学留学生センター〔編〕

[12] 影山太郎 1993『语法と語形成』ひつじ書房

[13] 影山太郎 2005「現代日本語の漢語動名詞の研究」（書評）『日本語の研究』第1巻第3号 PP.195－200

［14］影山太郎 2006「外項複合語と叙述のタイプ」益岡隆志ら編『日本語語法の新地平1』形態・叙述内容編 くろしお出版 PP.1−21

［15］工藤修之等 1997「EDR辞書を利用した日本語の動作性名詞句の語法解析」全国大会講演論文集 第54回平成9年前期(2) PP.73−74

［16］工藤真由美 2000「彼は風邪くらいでは休まないよ——否定のスコープと焦点」『言語』29−11 大修館書店

［17］小泉保 1993『言語学入門』大修館書店

［18］小林秀樹 2004『現代日本語の漢語動名詞の研究』ひつじ書房

［19］小林秀樹 2006「漢語サ変動詞の意味・用法の記述的研究」益岡隆志ら編『日本語語法の新地平1』形態・叙述内容編 くろしお出版 PP.23−36

［20］佐伯亮則 2005「接尾辞「中」に先行する動名詞の時間的特徴」『筑波日本語研究』第十号 社会科学研究科日本語学研究室 PP.70−87

［21］佐藤喜代治編 1977『国語学研究辞典』明治書院

［22］佐藤裕美 2005「名詞的/動詞的範疇：英語、日本語の動名詞構文からの考察」(英文版)人文研究：神奈川大学人文学会誌 157 PP.A139−A175

［23］杉岡洋子 1989「派生語における動詞素性の受け継ぎ」『日本語学の新展開』久野暲 柴谷方良編 くろしお出版 PP.167−185

［24］鈴木重幸 1972『日本語語法・形態論』むぎ書房

［25］鈴木智美 2010「ニュース報道における「{動名詞(VN)/名詞(N)}＋です」文について」東京外国語大学留学生日本語教育センター論集 36 PP.57−70

［26］鈴木智美 2011「ブログ等に見られる{動名詞(VN)/感動詞相当句}＋です」文について」東京外国語大学留学生日本語教育センター論集 31 PP.15−28

［27］高橋葉子 2006「「N1のN2」名詞句における「の」の脱落」『日本語語法』6巻2号 くろしお出版

［28］田中伊式 2012「ニュース報道における「名詞＋です」表現について」放送研究と調査 PP.16−29

［29］玉村文郎 2002「日本語語彙の研究」龍谷大学博士論文

［30］谷口秀治 2006「動詞連用形の用法について」大分大学国際教育研究センター紀要第3号 PP.57−66

［31］谷口秀治　2007「動詞的な言い方と名詞的な言い方」大分大学国際教育研究センター紀要第1号　PP.61－70

［32］田川拓海　2008「分散形態論による活用への統語論的アプローチ」―現代日本語における動詞連用形の形態統語論的分析―
筑波大学大学院博士課程文芸・言語研究科応用言語学コース『筑波応用言語学研究』15　PP.59－72

［33］大和田栄　1997「接尾辞「―中」とその造語性」『東京成徳短期大学紀要』30

［34］西尾寅弥　1997「動詞連用形の名詞化に関する一考察」斉藤倫明、石井正彦編『語構成』ひつじ書房　PP.192－212

［35］野村雅昭　1977『岩波講座 日本語9：語彙と意味』「造語法」岩波書店

［36］野村雅昭　1973「否定の接頭語「無・不・未・非」の用法」『ことばの研究』第4集　国立国語研究所　PP.31－50

［37］佐久間鼎　1941『日本語の特質』育英書院（1995年復刻、くろしお出版）

［38］時枝誠記　1941『国語学原理』岩波書店

［39］仁田義雄　1980『語彙論的統語論』明治書院

［40］仁田義雄　1989「拡大語彙論的統語論」久野暲、柴谷方良編『日本語学の新展開』くろしお出版　PP.45－77

［41］三上章　1975『日本語の構文』くろしお出版

［42］庵功雄　2008「漢語サ変動詞の自他に関する一考察」一橋大学留学生センター紀要11　PP.47－63

［43］寺村秀夫　1968「日本語名詞の下位分類」『日本語教育』12号　PP.42－57

［44］高橋太郎　1984「名詞述語文における主語と述語の意味的な関係」『日本語学』第3巻第12号　明治書院　PP.18－39

［45］高橋太郎　1990『日本語の语法』高橋太郎講義プリント

［46］高橋太郎　1995『日本語の语法』星和出版

［47］澤西稔子　2003「動詞・連用形の性質」大阪大学『日本語・日本文化』第29号　PP.47－66

［48］日向敏彦　1985「漢語サ変動詞の構造」上智大学国文学論集、(18) PP.161－179

［49］丹羽哲也　2004「コピュラ文の分類と名詞句の性格」日本語語法学会『日本語语法』4巻2号　くろしお出版　PP.136－152

［50］芳賀綏　1978『現代日本語の語法』教育出版株式会社

［51］白川博之監修　庵功雄ほか著　2004『日本語语法ハンドブック』（中上級を教える人のため）株式会社スリーエーネットワーク

［52］橋本進吉　1959『国语法体系論』　岩波書店

［53］長谷川信子　2004『生成日本語学入門』大修館書店

［54］早川勝弘　1986「文の類別の観点――表現語法序説」『学大国文』29 大阪教育大学国語国文学研究室　PP.209－227

［55］本田親史　2003「漢語動名詞の使役交替」関西学院大学文学部・文学研究科 紀要『人文論究』53巻1号 PP.145－157

［56］益岡隆志・田窪行則　1992『基礎日本語語法』（改訂版）くろしお出版

［57］益岡隆志　1987『命題の语法』くろしお出版

［58］松岡智津子　2004「漢語名詞とスルが構成する2種類の述語の交替」広島大学大学院教育学研究科紀要　第二部　第53号　PP.305－310

［59］松井利彦　1987「漢語サ変動詞の表現」、『国语法講座6時代と语法―― 現代語』明治書院　PP.184

［60］松下大三郎　1977　校訂増補『標準日本口語法』勉誠社

［61］水野義道　1984「漢語の接尾的要素「中」について」『日本語学』8 明治書院

［62］水野義道　1978「漢語系接辞の機能」『日本語学』特集テーマ別ファイル 語彙4 漢語/洋語 宮地裕 甲斐睦朗 明治書院 PP.58－67

［63］南不二男　1982『現代日本語の構造』大修館書店

［64］室山敏昭　2008「生活語彙と和語」『日本語学』特集テーマ別ファイル語彙3 語種論/和語 宮地裕 甲斐睦朗 明治書院 PP.72－79

［65］森田良行　1990『日本語学と日本語教育』凡人社

［66］森山新　2006「多義語としての格助詞デの意味構造と習得過程」『認知言語学論考』山梨正明他編　ひつじ書房　PP.1－46

［67］山田進 2012「ゲットする」と「タッチする」——外来語動詞の新用法 聖心女子大学論叢第119集 PP.147－170

［68］若生正和 2008「日本語と韓国語の漢字表記語の対照研究（漢語動名詞を中心に）」大阪教育大学紀要 第Ⅰ部門 第56巻 第2号 PP.69－83

［69］渡辺靖彦 長尾真 1994「概念の属性を表す名詞述語文の述語の自動分類」情報処理学会第49（平成6年後期）全国大会

［70］陳林柯 2011「关于日语中的非宾格性和非作格性」，大连海事大学硕士学位论文

［71］金榮敏 1999「日韓両言語の軽動詞構文をめぐって」筑波応用言語学研究筑波大学大学院博士課程文芸・言語研究科応用言語学コース PP.117－132

［72］金英淑 2004「「VNする」の自他性と再帰性」日本語語法学会『日本語语法』4巻2号 くろしお出版 PP.89－102

［73］金賢珍 2005「日韓両言語の程度副詞と共起する名詞について」名古屋大学国際言語文化研究所 名古屋大学国際言語文化研究科国際多元文化専攻 PP.171－185

［74］李晓娜 2008「论日语的名词句」黑龙江大学硕士学位论文

［75］刘健 2008「试论日语中的「～中（チュウ）」」，『日语研究』第6辑，商务印书馆

［76］皮細庚 1997『日语概说』，上海外语教育出版社

［77］皮細庚 2008『新编日语语法教程』，上海外语教育出版社

［78］邱根成 1999 一字汉语サ变动词再认识《日语学习与研究》1999年3期

［79］邱根成 2001 论动词中的无活用现象《日语学习与研究》2001年第3期

［80］沈宇澄 1999『现代日语词汇学』，上海外语教育出版社

［81］時江濤 2008「论「動名詞」与结尾词「一中」的结合关系」，『日语研究』第6辑，商务印书馆

［82］石立珣 2009「「する」を伴わない動名詞の動詞性について——連用格と共起可能な「動名詞＋中」構文を中心に」，北京日本学研究中心硕士学位论文

［83］孙佳音 2010『现代日语时间副词研究』中国社会科学出版社

［84］唐千友 2006「浅論日语「直接話法」的非直接性《外语研究》2006.3

[85] 唐千友 2007「副詞「よく」的修飾制限研究」《宿州学院学报》2007.2

[86] 唐千友 2012「日语谓语句节中的格共起研究」《日语学习与研究》2012.5

[87] 王信 2005「日本語における漢語副詞に関する研究(一)」茨城大学人文学部紀要 9 PP.103—118

[88] 文慶喆 2000「「漢語語基＋中」の構成と意味」東北大学文学部日本語学科 言語科学論集 4 PP.25—37

[89] 吴大纲 2007『日语语法—句法与篇章法』上海外语教育出版社

[90] 葉秉杰 2010「日本語動詞由来複合語の語形成——認知意味論の視点から——」国立政治大学日本語文学系(中華民国九十九年一月)

[91] 尹亭仁 2003「日本語と韓国語の漢語動名詞の統語範疇をめぐって」神奈川大学言語研究 25 PP.117—137

[92] 周星 2008『关于现代日语名词若干问题的研究』东南大学出版社

[93] 朱京偉 2005『日语词汇学教程』外语教学与研究出版社

例句出处

1. 小说资料

志賀直哉:『暗夜行路』、坂口安吾:『黒谷村』、新田次郎:『孤高の人』、清少納言:『枕草子』、宮本百合子:『伸子』、魯迅:『小さな出来事』、『女が職場を去るとき』、『夏みかん』、映画『女中ッ子』、織田作之助:『わが文学修業』、黒島傳治:『外米と農民』、太宰治:『正義と微笑』、横光利一:『厨房日記』、宮本百合子:『マクシム・ゴーリキィの発展の特質』、松村みね子:『約束』夏目漱石:『坊ちゃん』、三島由紀夫:『宴のあと』、倉田白三:『学生と生活』太宰治:『花火』、林芙美子:『放浪記』、山本周五郎:『さぶ』、山本有三:『路傍の石』、芥川龍之介:『羅生門』、横光利一:『旅愁』、海野十三:『地獄の使者』、吉村昭:『戦艦武蔵』、太宰治:『虚構の春』、里見弴:『多情仏心』、坂口安吾:『能面の秘密』、松本清張:『点と線』、筒井康隆:『エディプスの恋人』、太宰治:『ろまん灯籠』、坂口安吾:『投手殺人事件』、岸田国士:『日本演劇の特質』、宮本百合子:『獄中への手紙』、紫式部:『源氏物語・東屋』与謝野晶子訳、知里幸恵:『手紙』、海野十三:『空中墳墓』、北杜夫:『楡家の人びと』、森鴎外:『壽阿彌の手紙』、小酒井不木:『猫と村正』、宮沢賢治:『ビジテリアン大祭』、島木健作:『癩』、泉鏡花:『外科室』、岸田国士:『医学の進歩』、佐藤垢石:『岡ふぐ談』、夢野久作:『人間レコード』、大阪圭吉:『石塀幽霊』、吉村昭:『海軍乙事件』、安部公房:『飛ぶ男』、小林秀雄:『モオツァルト』、沢木耕太郎:『一瞬の夏』、夏目漱石:『それから』、種田山頭火:『行乞記大田から下関』、宮本百合子:『人

間の結婚』、岸田國士:『二つの戯曲時代』、渡部淳一:『花埋み』、夏目漱石:『永日小品』、岸田国士:『生活の黎明』、寺田寅彦:『映画芸術』、海野十三:『東京要塞』、井上円了:『妖怪報告』、平林初之輔:『商品としての近代小説』、直木三十五:『大衆文芸作法』、吉田秀夫訳:『人口論』、井上ひさし:『ブンとフン』、宮沢賢治:『蛙のゴム靴』、海野十三:『火星探検』、芥川龍之介:『河童』、五木寛之:『風に吹かれて』、有島武郎:『卑怯者』、海野十三:『地獄の使者』、中里恒子:『時雨の記』、曽野綾子:『神の汚れた手』、古川薫:『漂泊者のアリア』、夏目漱石:『明暗』、太宰治:『お伽草紙』、村上龍:『魔術はささやく』、星新一:『白い服の男』、三浦綾子:『塩狩峠』、レフ・トルストイ:『アンナ・カレーニナ』、吉村昭:『山本五十六』、藤村道生:『日清戦争』、久米正雄:『学生時代』

2. 数据库资料

青空文庫;
朝日新聞;
読売新聞;
夕刊フジ;
産経スポーツ

3. 电视剧资料

「ハワイ――私の第一歩」;
「ありがとう 上」;
「桜の実の熟する時」

4. 网络资料

www.plus-blog.sportsnavi.com/pitch/article/317
www.chem-station.com
www.inmusic.jp/special/interview/201004141183
forest.kinokuniya.co.jp/interview/041
sydney.weblogs.jp/totsugeki
www.connrod.com

www.yamamichi.jp/4profile/i-view/ishiwatari.htm
ecoraku728.blog2.fc2.com/blog-entry-62.html
www.youtube.com/watch?v=w39ZqltzBBY
twitpic.com/4wnxbi
blog.goo.ne.jp
www.facebook.com
hypno.comspace.jp
blogs.yahoo.co.jp
www.amazon.co.jp
twitter.com/shigex/status
blog.livedoor.jp
www.migmarket.jp
oshiete.goo.ne.jp
ameblo.jp/w-joy-hounan/